*Como é feliz o homem que acha a sabedoria, o homem que obtém
entendimento, pois a sabedoria é mais proveitosa do que a prata
e rende mais do que o ouro.
É mais preciosa do que rubis; nada do que você possa desejar
se compara a ela.
Na mão direita, a sabedoria lhe garante vida longa; na mão esquerda,
riquezas e honra.
Os caminhos da sabedoria são caminhos agradáveis, e todas as suas
veredas são paz.*
Provérbios 3:13-17.

Como passar no Exame da OAB

Respeite o direito autoral

WILLIAM DOUGLAS   **EDUARDO SABBAG**   **CRISTIANO SOBRAL**

Como passar no Exame da OAB

Três especialistas em preparação para provas ensinam
o que você precisa para conseguir sua aprovação

Niterói, RJ
2017

© 2017, Editora Impetus Ltda.

www.williamdouglas.com.br

Editora Impetus Ltda.
Rua Alexandre Moura, 51 – Gragoatá – Niterói – RJ
CEP: 24210-200 – Telefax: (21) 2621-7007

CONSELHO EDITORIAL
ANA PAULA CALDEIRA • BENJAMIN CESAR DE AZEVEDO COSTA
ED LUIZ FERRARI • EUGÊNIO ROSA DE ARAÚJO
FÁBIO ZAMBITTE IBRAHIM • FERNANDA PONTES PIMENTEL
IZEQUIAS ESTEVAM DOS SANTOS • MARCELO LEONARDO TAVARES
RENATO MONTEIRO DE AQUINO • ROGÉRIO GRECO
VITOR MARCELO ARANHA AFONSO RODRIGUES • WILLIAM DOUGLAS

EDITORAÇÃO ELETRÔNICA: SBNIGRI ARTES E TEXTOS LTDA.
CAPA: EDITORA IMPETUS LTDA.
REVISÃO DE PORTUGUÊS: C&C CRIAÇÕES E TEXTOS LTDA.
IMPRESSÃO E ENCADERNAÇÃO: EDELBRA GRÁFICA LTDA.

D768c
    Douglas, William
       Como passar no exame da OAB / [autores: William Douglas, Cristiano Sobral, Eduardo Sabbag]. – Niterói, RJ: Impetus, 2017.
       232 p. ; 16 cm x 23 cm.

       Inclui Bibliografia.
       ISBN: 978-85-7626-955-7
       1. Método de estudo. 2. Exames – Manuais, guias, etc. 3. Ordem dos Advogados do Brasil – Exames. I. Pinto, Cristiano Vieira Sobral, 1978 - II. Sabbag, Eduardo. I. Título.
                                              CDD- 371.30281

O autor é seu professor; respeite-o: não faça cópia ilegal.
TODOS OS DIREITOS RESERVADOS – É proibida a reprodução, salvo pequenos trechos, mencionando-se a fonte. A violação dos direitos autorais (Lei nº 9.610/1998) é crime (art. 184 do Código Penal). Depósito legal na Biblioteca Nacional, conforme Decreto nº 1.825, de 20/12/1907.

A **Editora Impetus** informa que quaisquer vícios do produto concernentes aos conceitos doutrinários, às concepções ideológicas, às referências, à originalidade e à atualização da obra são de total responsabilidade do autor/atualizador.

www.impetus.com.br

Apresentação

Estas rápidas e curtas palavras são dirigidas a você, colega de profissão, colega de área jurídica. Não sabemos se acabou de se formar, ou se já se formou há tempo, se vai tentar pela primeira vez ou se já tentou a prova da OAB algumas vezes. Qualquer que seja o seu caso, colega, saiba que está na melhor de todas as carreiras! Nenhuma outra oferece tantas chances de sucesso, crescimento, remuneração e realização pessoal.

Ao longo da nossa trajetória, já passamos por muita coisa, advogamos, prestamos concursos, demos aulas, fomos Defensores, Delegados, militantes de ONG, escritores, palestrantes, jurados. Erramos mais vezes do que acertamos ou, se muito, empatamos. Cometemos erros, tivemos dúvidas, levamos muito tempo para aprender a nos "virar" e a achar o "lugar ao sol". Mas, por insistência, fé e esforço, chegamos aonde queríamos. E sabemos que você também vai chegar.

Talvez esteja se perguntando se escolheu a carreira certa, por estar passando por dificuldades e angústias nessa etapa tão importante e, por vezes, difícil. Talvez esteja sendo atormentado por dúvidas e perplexidades. Mesmo assim, esteja absolutamente certo de que nenhuma carreira oferece tantas oportunidades, tantas portas e tantas possibilidades profissionais. E, embora não seja o mais importante (quando muito o que parece mais urgente), uma remuneração digna.

Pode parecer esquisito para você, mas estão sobrando vagas! Está faltando gente no mercado! O mercado não precisa só de gente, mas de "gente qualificada", como está buscando ser. E agradecemos pela confiança em contar com este material para ajudar na trajetória.

Se ainda não sabe ao certo como fazer isso, não se preocupe, estamos aqui para ajudá-lo nessa primeira etapa e tudo mais é possível aprender. O "caminho das pedras" não é difícil para quem tem curiosidade e sede de conhecimento. Como diz o Evangelho, "aquele que busca, encontra; o que procura, acha". Basta semear e cuidar das sementes certas que a colheita será boa.

O mundo pertence a quem fez/faz Direito. Seja bem-vindo!

Os Autores

Os Autores

WILLIAM DOUGLAS

- Juiz Federal/RJ
- Professor da UFF, UNIVERSO, UNESA, UniCesumar e outras IES
- Mestre em Direito pela Universidade Gama Filho/UGF
- Conferencista e autor de diversos livros e artigos
- Doutor *honoris causa* da Escola Superior de Advocacia – OAB/RJ
- Professor-conferencista da EMERJ e da EPGE/FGV
- Pós-graduado em Políticas Públicas e Governo EPPG/COPPE/UFRJ
- Graduado no Seminário Nacional de Liderança Avançada do Instituto Haggai do Brasil - 2011
- Mais de 1.200.000 de livros vendidos
- Já proferiu palestras para mais de 2.300.000 de pessoas
- Presidente do Conselho Editorial da Editora Impetus
- 1º colocado para Juiz de Direito/RJ
- 1º colocado para Defensor Público/RJ
- 1º colocado para Delegado de Polícia/RJ
- 4º colocado para Professor de Direito na UFF
- 5º colocado para Analista Judiciário/TRF da 2ª Região
- 8º colocado para Juiz Federal/TRF da 2ª Região
- 1º colocado no CPOR/RJ
- 1º colocado no Vestibular para Direito na UFF
- 1º colocado nas listas de mais vendidos da *Veja, Folha de S. Paulo, Você S/A, Valor Econômico e Publishnews*. Um dos dez livros mais vendidos de 2013.
- Juiz titular de Vara Federal, cuja equipe é premiada por produtividade
- 170 semanas na lista de livros mais vendidos

- Autor de mais de 45 obras, nas áreas jurídica, de empreendedorismo, ficção e desenvolvimento pessoal, dentre as quais:

  Como Passar em Provas e Concursos. 29ª ed. Niterói: Impetus, 2015

  Como Passar em Provas e Concursos – Resumo. 11ª ed. Niterói: Impetus, 2017

  As 25 Leis Bíblicas do Sucesso. Rio de Janeiro: Sextante, 2012

  Administração do Tempo. 3ª ed. Niterói: Impetus, 2016

  Leitura Dinâmica e Memorização. 16ª ed. Niterói: Impetus, 2015

www.williamdouglas.com.br

Facebook.com/paginawilliamdouglas

Twitter.com/site_wd

Youtube.com/sitewilliamdouglas

Instagram.com/williamdouglas

Eduardo Sabbag

- Doutor em Direito Tributário pela PUC/SP
- Doutor em Língua Portuguesa pela PUC/SP
- Mestre em Direito Público e Evolução Social pela Unesa/RJ
- Bacharel em Direito pela Universidade de São Paulo – USP
- Professor de Direito Tributário e de Português no Complexo de Ensino Renato Saraiva – CERS
- Coordenador e professor dos cursos de pós-Graduação em Direito Tributário da Faculdade Baiana de Direito e da Estácio/CERS
- Professor da graduação e pós-graduação na Universidade Presbiteriana Mackenzie
- Professor da graduação da Fametro/AM
- 20 anos de experiência na preparação de alunos para o Exame da OAB
- Professor da área jurídica com o maior número de seguidores nas redes sociais, superando um milhão de pessoas
- Advogado e autor de várias obras jurídicas, dentre elas:

    Direito Tributário Essencial. 5ª ed. São Paulo: Método, 2017

    Prática Tributária. 9ª ed. São Paulo: Método, 2016

    Manual de Português Jurídico. 9ª ed. São Paulo: Saraiva, 2016

    Manual de Direito Tributário. 9ª ed. São Paulo: Saraiva, 2017

www.professorsabbag.com.br
Facebook.com/professorsabbag
Twitter.com/professorsabbag
Youtube.com/professorsabbag
Instagram.com/professorsabbag

Cristiano Sobral

- Doutorando em Direito
- Advogado do Escritório Sylvio Tostes e Sobral Pinto advogados associados
- Pós-graduado em Direito do Consumidor pela Emerj
- Professor exclusivo de Direito Civil e Consumidor do Complexo de Ensino Renato Saraiva
- Professor convidado do Ibmec
- Professor da pós-graduação em Criminologia, Direito e Processo Penal da Universidade Candido Mendes (Ucam)
- Professor da pós-graduação da Fundação Getulio Vargas (FGV)
- Professor da pós-graduação da Universidade Candido Mendes (Ucam)
- Professor de Direito Civil da Femperj e Amperj
- Autor das obras:

Direito Civil Sistematizado. 8ª ed. Salvador: Editora JusPodivm, 2017
Código Civil Anotado. Salvador: Editora Juspodivm, 2016
Direito do Consumidor para Concursos. 2ª ed. São Paulo: Saraiva, 2016
Prática Civil. Recife: Editora Armador, 2016

www.cristianosobral.com.br
Facebook.com/professorcristianosobral
Twitter.com/profcrissobral
Instagram.com/cristianosobral
Youtube.com/channel/UCmxwzdg6jqdrSyLJvp3HQ6g

Prefácio

William Douglas, Cristiano Sobral e Eduardo Sabbag: definitivamente não há um time melhor do que essas três feras para falar sobre como passar em provas da OAB. Com vasta experiência na docência e na prática jurídica, esses autores, que ouso chamar de amigos, traçaram um verdadeiro manual para aqueles que precisam de um norte nesse difícil caminho até a aprovação. O livro é tão completo que você sente vontade de devorá-lo do começo ao fim no mesmo dia. Seus ensinamentos são válidos não apenas para quem precisa enfrentar o Exame, mas também irão ajudar o leitor a encarar os mais diversos desafios nos quais a vida o colocar à prova.

Antes que comece essa leitura, gostaria que refletisse sobre o que o motiva a passar no exame da OAB. O mercado tem vagas sobrando e está sedento por profissionais qualificados, que trabalhem com objetivo e propósito. O que o deixa feliz e realizado? Qual o seu lugar no mundo? Preciso compartilhar com você que o que mais me encanta na carreira de advogado é que ela possibilita múltiplas trajetórias, que podem sempre surpreender positivamente e fazer com que se aproxime do seu objetivo maior de vida. A prova da Ordem é apenas uma das primeiras etapas e você não vai deixar que um pedaço de papel o impeça de seguir em frente!

É por isso que neste livro você vai acompanhar um raio x completo do Exame, desde sua origem e histórico até as diferentes modalidades de prova. No caminho, você também entenderá a diferença entre projeto e planejamento de estudo, vai se sentir motivado com dicas de autodisciplina e vai aprender a estabelecer metas para alcançar seus objetivos.

Essas páginas são inspiradoras para compreender que Deus, sua família e você mesmo são os principais aliados nessa luta. Além disso, elas o apresentam a outro grande amigo: o seu cérebro. Você precisa entendê-lo e, aos poucos, aprender como potencializar suas capacidades. Detalhes como ambiente de estudo, saúde e alimentação não são meros coadjuvantes e pedem atenção dobrada!

Por fim, você lerá vários capítulos sobre como colocar em prática o seu plano de aprovação, incluindo técnicas para otimizar seu tempo de preparação, como montar seu quadro de horário, adaptar sua rotina de estudo a diversas circunstâncias (trabalho, estudo em grupo, estudo sozinho, pouco ou muito tempo de preparação...), dicas práticas para o dia da prova e para os dias que antecedem o esperado Exame de Ordem.

Eu diria que a fórmula para obter a aprovação no Exame de Ordem não existe, mas esse passo a passo descrito com maestria pelos autores deste livro chega bem próximo do que eu posso chamar de "receita" para o sucesso. Basta você colocar a mão na massa.

Desejo a todos uma excelente e atenta leitura. Bons estudos!

Renato Saraiva
Procurador do Trabalho Licenciado

Sumário

Capítulo 1 – A Decisão de Passar na OAB 1
1. Tomando a Decisão 2
2. "O Exame da OAB é um Desserviço" 3
    2.1. A Origem do Exame 4
    2.2. Os Famigerados Índices de Reprovação 5

Capítulo 2 – Projeto de Estudo 7
1. Para Começar: Atitudes! 7
    1.1. Motivação 7
    1.2. Compromisso (persistência, constância de propósito) 8
    1.3. Autodisciplina (domínio próprio) 9
    1.4. Organização 9
    1.5. Prestar Atenção (acuidade) 9
    1.6. Flexibilidade 10
    1.7. Consciência do Projeto (tempo e trabalho) 10
2. Acredite: é possível! 11
3. Ação 12

Capítulo 3 – Planejamento de Estudo 15
1. Inventário Pessoal 15
    1.1. Inibidores 17
    1.2. Deflagradores 23
2. Inventário Circunstancial 24

Capítulo 4 – Definindo o Prazo para Aprovação 25
1. Agregação Cíclica 25
    1.1. Demonstração dos Ciclos 26

1.2. Analisando os Ciclos 26
1.3. Variabilidade Pessoal 28
1.4. Velocidade de Dobra 28
1.5. Gráfico do Tempo de Estudo em Face da Agregação de Conhecimentos 29
1.6. Linha do Tempo 29
2. Sobre Prazos e Resultados 30
    2.1. Prova da OAB e a Repescagem 31
3. O Imponderável: a Sorte e o Azar 32

Capítulo 5 – Seus Aliados 35
1. Você 35
2. Deus 37
3. Família 37
    3.1. Filhos 39
    3.2. Pais/ Tios/ Avós 39
    3.3. Doença 40
4. Sua Inteligência 40
5. O Entorno 41

Capítulo 6 – Cérebro 45
1. Capacidade de Retenção e sua Qualidade para o Estudo 46
2. Formas de Captação e sua Utilidade para o Estudo 47
3. Sistema Límbico 49
4. Programação Neurolinguística 50
    4.1. Exemplo de Como Não Ter um "Branco" na Prova 51

Capítulo 7 – Memória e Programação do Cérebro 53
1. Fases do Processo de Memorização 53
2. A Importância da Capacidade de Comunicação 55
3. Como Melhorar a Memória 56
    3.1. Como Guardar uma Informação por um Longo Prazo 56
4. Técnicas de Memorização 57
    4.1. Estabelecer Relações e Associações 57
    4.2. Identificar a Aplicação 58
    4.3. Execução e Utilização 58

4.4. Processos Mnemônicos..59
4.5. Etiquetação Mental..60
5. Técnicas de Estudo Favoráveis à Memorização 61
   5.1. Leitura e Releitura 61
   5.2. Marcações 61
   5.3. Recitação 61
   5.4. Resumos ou Esquemas 62
   5.5. Gráficos e Árvores 62
   5.6. Questionários e Debates 62
   5.7. Atividade Física e Memorização...62
6. Revisões e a Curva do Esquecimento 63

Capítulo 8 – Ambientes de Estudo, Saúde e Alimentação.......................67
1. Concentração..68
2. Telefones, Passeios e Visitas 68
3. Atividade Física..68
4. Saúde e Sono 70
5. Alimentação..71
6. Dificuldades "Geográficas"..73
7. Silêncio..73
8. Local de Estudo 73
9. Posição de Estudo 74
10. Material de Estudo..75
11. Horário e Quantidade de Horas 76
12. Intervalos 76
13. Matérias..78
14. Música...79
15. Ambiente de Estudo em outros Locais (cursos, bibliotecas etc.) 80

Capítulo 9 – Tempo de Estudo 81
1. Fórmula do Tempo Real de Estudo..83
   1.1. Falta de Tempo e Dicas de Estudo..85
   1.2. Flexibilidade no Horário 86
2. Como Fazer seu Planejamento de Tempo 87
3. Como Criar Mais Tempo 88
   3.1. Como Ganhar Tempo Dentro do Aspecto da Organização...............89
   3.2. Como Ganhar Tempo Dentro do Aspecto da Utilidade.................90

Capítulo 10 – Como Montar seu Quadro Horário 97
1. Como Montar o Quadro Horário Geral – QHG 99
2. Como Montar o Quadro Horário de Estudo – QHE 105
3. Acelerando o Aprendizado 106
    3.1. Leitura de Apoio 106
    3.2. Leitura Geral 107
    3.3. Redação (geral e de apoio) 107
4. Exemplos de Planejamento de Estudo para OAB 107
    4.1. Exame da OAB – Modelo Prevendo Faculdade 108
    4.2. Exame da OAB – Modelo Prevendo Trabalho 109
    4.3. Exame da OAB – Modelo Prevendo Curso Preparatório e Trabalho 110
    4.4. Exame da OAB – Modelo Prevendo Estudo sem Cursos 111
    4.5. Exame da OAB – Modelo Prevendo Faculdade e Trabalho 112

Capítulo 11 – Técnicas Gerais de Estudo 113
1. O que é o Estudo? 113
2. Estratégia e Método de Estudo 114
3. Técnicas Básicas para o Estudo Eficaz 115
    3.1. Motivação 115
    3.2. Amor: uma das Maiores Motivações 116
    3.3. Curiosidade, Perguntas e Respostas 117
    3.4. Concentração 118
    3.5. Noção de Agregação Cíclica e a Teoria do Quebra-Cabeça 118
        3.5.1. Fases da Concentração 119
4. Maneiras de Aumentar a Qualidade do Estudo 121
    4.1. Mudança de Paradigma 121
    4.2. Humildade Intelectual 122
    4.3. Resumos e Cores 122
    4.4. SQ3R 123
    4.5. Estudo por Fases 125
    4.6. Ambiente de Estudo 126
    4.7. Como Ter o Domínio do Conhecimento: os Objetivos Operacionais 126
5. Fases do domínio cognitivo 126

Capítulo 12 – Técnicas de Estudo de Acordo com as Circunstâncias............ 129
1. Estudar Sozinho 129
2. O Estudo em Grupo 130
3. O Estudo em Aulas e Cursos 131
    3.1. Alguns Cuidados em Aulas Expositivas................................... 131
4. O Estudo Dirigido para o Exame 132
    4.1. Mantenha seus Documentos em Dia... 133
    4.2. Crie sua Biblioteca 133
    4.3. Dicionário 134
    4.4. Inscrição... 134
    4.5. Edital 134
    4.6. Últimas Provas 135
5. A Preparação para o Exame de Ordem Durante a Faculdade........... 135
6. A Preparação para o Exame da Ordem Durante um Ano 136
7. A Preparação para o Exame de Ordem em 4 Meses 139
8. Descobrindo o que Vai Cair 141

Capítulo 13 – Técnicas Específicas de Estudo 145
1. Técnicas e Estratégias para a 1ª Fase da OAB.................................. 145
2. Técnicas e Estratégias para a 2ª Fase da OAB.................................. 151

Capítulo 14 – Como Aumentar o seu Desempenho 157
1. Sua Atitude.. 157
2. Fazendo Provas 160
    2.1. A Técnica da Prática: Aprenda a Fazer, Fazendo.................... 160
3. Como se Preparar em Vésperas de Provas 162
    3.1. Lazer... 164
    3.2. Concentração... 165
    3.3. Roupas.. 165
    3.4 Alimentação e Sono 166
    3.5. Material para a Prova 166
    3.6. Lanche e Remédios... 167
4. Cuidados no Dia D 167
    4.1. Amanhecendo.. 167
    4.2. Deslocamento e Horário 168

4.3. "Cola" 168
4.4. Concentração 168
4.5. Lidando com o Cansaço 170
5. Cuidados para Fazer a Prova 171
   5.1. Como Ler as Questões da Prova 171
   5.2. Administração do Tempo de Prova 171
   5.3. Revisões (1 e 2) 173
   5.4. Inquietude 173
   5.5. Lidando com o "Branco" na Prova 174
      5.5.1 Definindo o que é o "Branco" 174
      5.5.2 Soluções 175
   5.6. Questões não Sabidas 175
6. Observações Úteis Depois da Prova 176

Capítulo 15 – Como Lidar com as Modalidades de Prova 183
1. Modalidades de Provas 183
2. Provas de Múltipla Escolha 183
   2.1. Realização 183
   2.2. Como Marcar o Cartão de Respostas 185
   2.3. E Quando Sobra Tempo? 185
   2.4. A Técnica do "Chute" 186
   2.5. Estilos de Prova da FGV 189
      2.5.1 Conhecendo a prova da OAB 189
   2.6. Atitude com os Fiscais de Prova 193

Capítulo 16 – Como Aprender com os Erros 195
1. Uma Cultura de Vencedores 195
2. O Medo da Derrota e do Erro 196
3. A Atitude Diante da Vitória e da Derrota, do Erro e do Acerto 196
   3.1. Lidando com vitória e derrota na OAB 197
4. A Limitadora Ideia da Impossibilidade 198

Bibliografia 201

Índice Remissivo 205

Capítulo 1

A Decisão de Passar na OAB

Ao tomar a decisão de prestar o Exame da Ordem, o candidato precisa se conscientizar de que este, atualmente, transformou-se em uma prova complexa, com *status* de concurso público e com questões que exigem uma visão panorâmica do universo jurídico, não somente das leis, mas das doutrinas e entendimentos.

A decisão inclui necessariamente a preparação com qualidade, técnica e muito planejamento de estudo. Todavia, não somente o conhecimento técnico leva o candidato à aprovação. Muitos outros fatores são colocados à prova, como controle emocional, concentração, otimização do tempo etc.

Assim, se sua decisão foi de iniciar seus estudos para o Exame da Ordem, mantenha uma postura madura e inteligente. O estudo não poderá ser aleatório. Não incorra neste erro. Seja organizado e disciplinado. Mantenha o foco no seu objetivo durante a preparação e abdique de situações que prejudicarão o seu planejamento. Faça a caminhada como deve ser feita. Teste novas técnicas de estudo, mas não lance mão de "estratégias malucas" ou de desculpas para deixar de estudar e siga o modelo dos que obtiveram o sucesso. Estude o edital. Conheça de antemão as regras do jogo.

Como nos concursos, vale o mantra "não se faz para passar, mas até passar". Se a aprovação não chegar na primeira vez, volte à prancheta, não abandone o estudo, mas também não culpe a faculdade, não culpe a dificuldade da prova ou a quantidade de disciplinas a serem estudadas. Compreenda o que deu errado analisando onde você errou e no que precisa reforçar o estudo. Mas é importante dizer que derrotas e vitórias não são pessoas, não definem quem você é, mas em que situação se encontra naquele momento. Portanto, assuma o mal planejamento, a falta do controle da carga emotiva e a ausência de qualidade das suas horas de estudo. Faça o diagnóstico dos fatores que não o conduziram à aprovação, e corrija-os. Os exames continuam acontecendo e **não há tempo para a vitimização** entre um e outro. Transforme esse mal resultado em uma lição e aprenda com ele. Só assim terá sido válida qualquer experiência em nossa vida.

1. TOMANDO A DECISÃO

Se decidiu ler ou pelo menos dar uma olhada neste livro é porque quer vencer. Ao ler esta página você mostra já ter dado o primeiro passo. Mas quais são os demais passos? Existe uma receita para a aprovação na OAB? Vamos começar com algumas perguntas.

- Falta tempo para estudar?
- Falta concentração?
- Você já estudou alguma coisa durante muito tempo e ao final pareceu que não aprendeu nem fixou nada ou quase nada?
- Você já fez uma prova de um assunto importante e recorrente e no dia seguinte não se recordava de mais nada da matéria?
- Você gostaria de estudar menos tempo para poder fazer outras coisas, como descansar e se divertir?

Quase todos os alunos respondem "sim" a estas perguntas. Os meios para solucionar estes problemas são em geral ignorados ou desprezados pelos estudantes, que desperdiçam um tempo enorme – ou até desistem dos seus sonhos – pela incapacidade de fazerem uma preparação eficiente. Como dissemos na introdução, acham que o problema está neles – e é irremediável – ou nos outros, a faculdade e a prova, e, portanto, é intransponível.

Ao longo deste livro, mostraremos técnicas e dicas para uma preparação de qualidade, mas principalmente técnicas para que aprenda a aprender e desenvolva o seu próprio método, com preparo emocional e otimização do tempo. Nós o convidamos a experimentá-las e aplicá-las durante algum tempo e ver as que funcionam para você e como podem levá-lo ao seu objetivo.

Não tenha pressa ou pule etapas. Leia as partes introdutórias. Aprenda a montar um sistema de estudo eficiente. Estudar corretamente, e manter as atitudes adequadas significa exatamente ter paciência para lançar os alicerces de um plano de longo prazo.

As pessoas priorizam o resultado buscado, mas se esquecem de cuidar do método para chegar até ele. É preciso melhorar o processo de aprendizagem, o sistema de estudo. Se isso for feito, o resultado será alcançado naturalmente. Se quer passar na OAB, comece da forma mais inteligente:

- aprenda a ter método;
- aprenda a aprender;
- aprenda a fazer a prova.

O tempo que vai gastar com isso será compensado pelo ganho de produtividade e conseguirá o que deseja. Vale a pena, e você pode.

2. "O EXAME DA OAB É UM DESSERVIÇO"

Muitas são as críticas ao Exame da OAB, especialmente por aqueles que, se apegando fielmente ao inc. XIII do art. 5º da Constituição, acreditam que a prova é um "desserviço" ao livre exercício profissional.

Acreditamos, sim, que a prova da OAB seja um desserviço, mas um desserviço às faculdades caça-níqueis, aos sites em que, por alguns tostões, você pode receber um trabalho pronto e, por fim, um desserviço àqueles que não querem estudar, que não buscam melhorar.

Também presta desserviço aos professores ruins. Infelizmente tem gente que cuida do magistério como bico, não como profissão. E quanto mais se exigir qualidade nos exames, mais esses professores vão ter um problema porque chegará uma hora, e essa hora vem vindo aos pouco, em que o próprio aluno cobrará aula.

Outro argumento frequente daqueles que são desfavoráveis ao Exame é a inexistência de seleção similar em outras carreiras, inclusive ligadas à saúde. É importante ressaltar que o papel do Exame não é propiciar qualificação – da prova da OAB, não sairão melhores advogados melhores –, mas aferir a qualidade dos que estão se formando – sairão da prova da OAB somente os melhores advogados. Dessa forma a importância do certame é resguardar a carreira jurídica da atuação de profissionais medíocres, e pode servir de ferramenta para o MEC ser mais duro em suas avaliações de curso e eventualmente combater aquelas mesmas instituições para as quais o Exame é o "desserviço".

De igual forma, o Exame também presta um importante serviço aos pais que têm acesso a quesitos melhores para escolher qual a faculdade que vão indicar aos filhos. Os próprios alunos, alguns já não mais na época de serem ciceroneados pelos pais, terão mais elementos para uma decisão embasada. Só quem tem de despachar petição inicial sabe o grau de despreparo de grande parte da classe; o que vem melhorando.

Após avaliar o mérito do Exame e antes de avançar para a preparação propriamente dita, passaremos, brevemente, pela origem do Exame, a título de curiosidade e embasamento histórico.

2.1. A Origem do Exame

Ainda no século XIX, antes da criação da primeira universidade jurídica do Brasil todos aqueles que ansiavam por ser um doutor das leis deveria ter uma formação europeia, mais especificamente na Universidade de Coimbra, em Portugal. Nem todos podiam arcar com a custosa formação e criou-se uma classe paralela de operadores jurídicos que atuava em disputas legais, mesmo sem o conhecimento formal – eram chamados rábulas. Para pacificar a questão, criou-se uma prova de conhecimentos jurídicos que definiria se os rábulas poderiam exercer função de advogado mesmo sem a formação acadêmica.

No início do século XX a exigência do teste foi suspensa pelo Supremo Tribunal Federal e as faculdades de Direito, assim como o número de rábulas – agora um termo carregado de preconceito –, aumentou rapidamente e sem o menor controle. Em 1963 a Ordem dos Advogados do Brasil voltou a instituir o teste não só aos que não tinham realizado a graduação, mas também aos bacharéis que não tivessem realizado estágio prático em sua formação.

Foi pela Lei nº 8.906 de 1994, no entanto, que se estabeleceu em definitivo a exigência do Exame para todos os bacharéis, inclusive aqueles que tinham realizado estágio durante a graduação e se extinguiu em definitivo a categoria de rábulas. Em 2011, o STF decidiu por unanimidade pela constitucionalidade da ferramenta que é utilizada até hoje como o crivo final para o ingresso na carreira advocatícia.

2.2. Os Famigerados Índices de Reprovação

A cada prova da OAB somos bombardeados por notícias do alarmante índice de reprovações. São milhares de candidatos na corrida por suas carteiras e a maioria deles sequer passa da primeira fase da prova.

Em números oficiais, 80% dos candidatos não são aprovados. Esse é o momento que gostaríamos de dizer: se você está se preparando para o exame, **não entre em pânico!** Respire profundamente e tente ver com um novo olhar. Isso significa que 20% dos inscritos passaram e obtiveram suas carteirinhas da Ordem. Do vasto universo de inscritos, significa que milhares de pessoas, a cada edição do certame, saem podendo iniciar o exercício da profissão.

Outra forma de observar é que mais do que inteligência/conhecimento, a Prova da Ordem avalia seu preparo para realizar provas e (que bom!) **você já deu o primeiro passo nesse sentido.** Trata-se de um desafio, sim, mas não é impossível e nem inalcançável.

Capítulo 2

Projeto de Estudo

1. PARA COMEÇAR: ATITUDES!

A atitude é que cria a ação, e a ação gera resultados. Assim, se quer resultados, precisa trabalhar suas atitudes diante da vida e seus desafios. O prêmio por este esforço será o sucesso em seus projetos. São atitudes básicas para quem está se preparando para uma prova: motivação; compromisso; autodisciplina; organização; acuidade; flexibilidade; e consciência do projeto. A seguir, falaremos um pouco mais sobre cada uma delas.

1.1. Motivação

A primeira atitude que alguém precisa ter é: motivação. Motivação é a disposição para agir, podendo ser entendida simplesmente como "motivo para a ação" ou "motivos para agir". Uma pessoa motivada é mais feliz e produtiva.

A motivação é pessoal: só você pode dizer o que lhe dá ânimo para trabalhar, e prosseguir. A primeira motivação é cuidar bem de si mesmo, ser feliz. Você vai passar o resto da vida "consigo", por isso, cuide bem de sua mente, corpo, projetos, sonhos e futuro. Outras motivações muito frequentes são:

Deus: Ele pode ser uma fonte de ânimo e consolo, de força para viver e prosseguir. Servir a Deus ou ser ajudado por Deus, portanto, é um bom motivo para agir e valorizar o trabalho e a conquista;
Família: ajudar a família, ter dinheiro e tempo para aqueles que amamos é uma das mais fortes injeções de disposição para o estudo;
Tempo: quanto melhor você estudar e quanto mais resultado tiver, mais tempo terá para fazer as outras coisas que lhe dão prazer.

Entenda que todo projeto de longo prazo terá momentos de ânimo, momentos normais e momentos de desânimo e vontade de desistir. Sabendo disso de antemão, procure se preparar para os dias de baixa: eles virão e você vai precisar aprender a lidar com eles. Não desista por conta deles.

A motivação deve ser trabalhada diariamente. Todos os dias você pode e deve lembrar dos motivos que o estão fazendo estudar, ter planos, persistir.

> **Dica para motivação**
>
> Uma dica importante é estar perto de pessoas com alto astral, animadas, otimistas e de pessoas com objetivos semelhantes. Evite muito contato com pessoas que não estejam trabalhando por seus sonhos, que vivam reclamando de tudo, que não queiram nada. Escolha as pessoas com as quais você estará em contato e sintonizado.

1.2. Compromisso (Persistência, Constância de Propósito)

Ao contrário do mero interesse por alguma coisa, significa querer com constância, querer de verdade. David McNally diz que compromisso é a disposição de fazer o necessário para conseguir o que você deseja. O mesmo autor cita, ainda, a explicação de Kenneth Blanchard: há uma diferença entre interesse e compromisso. Quando está interessado em fazer alguma coisa, você só faz quando for conveniente. Quando está comprometido com alguma coisa, você não aceita desculpas, só resultados. É o compromisso que nos vai fazer sacrificar temporariamente o que for necessário para estudar e perseverar até chegarmos aonde queremos.

Thomas Edison, diz-se, só conseguiu transformar em realidade sua visão mental da lâmpada elétrica na tentativa de nº 10.000. A cada fracasso ele se animava a continuar tentando dizendo que havia descoberto mais uma forma de não inventar a lâmpada elétrica.

> Nossa maior fraqueza está em desistir.
> O caminho mais certo de vencer é tentar mais uma vez.
>
> *Thomas Edison*

1.3. Autodisciplina (Domínio Próprio)

Oscar Schmidt, um dos maiores atletas do Brasil que, hoje, figura no Hall da Fama da NBA, ensina que a diferença entre um bom atleta e um atleta medíocre (mediano) é que enquanto este para diante das primeiras dificuldades, o outro, mesmo cansado, dá mais uma volta na pista, e mais uma volta, e mais uma volta. Assim, aos poucos, vai melhorando, minuto a minuto. Não foi qualquer um que ensinou isso, foi um dos maiores jogadores de basquete de todos os tempos. Ele, na verdade, indicou uma qualidade indispensável para um atleta e para se alcançar um sonho: autodisciplina. Ele também ensina que é preciso ter humildade, não achar que se sabe tudo e que se é o melhor, pois sempre temos algo a aprender e a melhorar.

Para ajudar na autodisciplina, conscientize-se de que você é responsável por seu futuro. Liste seus objetivos de curto, médio e longo prazos e releia-os periodicamente.

> A única escolha que você tem é: pagar o preço de aprender...
> ou o preço de não aprender.

1.4. Organização

Organizar-se é estabelecer prioridades. A conjugação do estabelecimento de prioridades (planejamento estratégico) com a autodisciplina (domínio próprio) e com a estruturação das atividades é a melhor forma de criar tempo para estudar, para o lazer, descanso, família etc.

Aprenda a não deixar mais as coisas para a última hora, seja um trabalho, seja a inscrição no Exame da OAB. Deixar as coisas para o último dia é pedir para ter problemas e dar chance para o azar. No exercício da advocacia os prazos são essenciais e cumpri-los pode ser a diferença entre ganhar a causa e prejudicar seu cliente, portanto, acostume-se a eles. Comece a se organizar e uma boa dica é: cumpra logo suas tarefas. Não procrastine.

1.5. Prestar Atenção (Acuidade)

Esteja aberto para a realidade e para novas ideias. Veja, ouça e sinta as coisas. Participe da vida como ator, e não como espectador. Seja sujeito, e não objeto dos acontecimentos. Concentre-se no que faz. Seja curioso.

Não tenha receio de questionar, duvidar, perguntar. Pense, raciocine e reflita sobre o que está acontecendo ao seu redor.

> O que vale a pena ser feito vale a pena ser bem-feito.
>
> N. Poussin

Prestar atenção envolve participar das aulas, fazer perguntas, estudar, fazer provas. Algumas pessoas têm dificuldade de focar e de ter atenção ou ainda, quando sentam para estudar, não conseguem parar de mexer a perna ou deixar de pensar em outras coisas. Se você é uma delas, procure investigar sua falta de atenção. Pode se tratar de uma condição chamada TDAH (transtorno de déficit de atenção e hiperatividade) que pode ser prejudicial aos seus estudos e contornável com acompanhamento médico.

1.6. Flexibilidade

Flexibilidade é a capacidade de se adaptar, e adaptação é uma forma de inteligência. Tudo o que você ver, ler, ouvir, sentir etc. deve ser avaliado. Teste as coisas, veja se funcionam bem para você ou se, para funcionarem melhor, demandam alguma modificação. Não tenha receio de criar seus próprios métodos e soluções. Se um obstáculo vier, a flexibilidade é saber contorná-lo.

A capacidade de adaptação será importante em toda a sua vida e para montar um sistema de estudo. Ela também serve para que possam ir sendo feitas as modificações necessárias à medida que forem surgindo novas situações, circunstâncias, imprevistos etc.

1.7. Consciência do Projeto (Tempo e Trabalho)

Um dos mantras do concurso diz que "a diferença entre o sonho e a realidade é a quantidade certa de tempo e trabalho".[1] O tempo significa o período de amadurecimento e preparação, para o qual é preciso disciplina, paciência e persistência. O trabalho envolve não só o estudar, que é o zero a zero, mas também o aprender a estudar e o aprender a fazer provas.

---

1 Para a lista completa dos mantras acesse: williamdouglas.com.br/mantras-dos-concursos.

Assim, ao começar o projeto, é preciso que você tenha consciência de que está diante de uma tarefa excelente e de que ela é demorada e trabalhosa. É excelente, pois lhe trará uma enorme quantidade de benefícios.

Aprender exige muito conhecimento. Isto vai demorar. Por melhor que você seja e por mais que trabalhe bem, vai demorar. Se não utilizar as técnicas, se ficar parando e recomeçando, se não aprender a organizar etc., vai demorar ainda mais.

Estudar e passar na OAB é um fácil-trabalhoso. Fácil, porque as regras são claras e há técnicas que, se aplicadas, trarão resultados seguros; e trabalhoso, porque até aprender as técnicas, se organizar, treinar, pegar o jeito, a "manha", leva algum tempo. Mas quem começar e prosseguir chegará lá. Com certeza. É só não desistir e ir, aos poucos, se aperfeiçoando, chegando mais perto do objetivo.

2. ACREDITE: É POSSÍVEL!

Mais uma vez, vamos fazer referência a fatores aparentemente secundários, mas que não o são. Ao longo da nossa trajetória, encontramos pessoas fazendo cursos sem acreditar que poderiam, de fato, passar. Faziam o curso por fazer, restando como um navio à deriva, como barco que, por não ter destino seguro, nenhum vento pode ajudar.

Você realmente acredita que pode alcançar seu objetivo? Responda sinceramente. Experimente fechar os olhos e se imaginar com sua carteira da OAB. Você consegue se ver ou sentir nessa situação? Esperamos que sim, pois aqueles que não conseguem, tendem sempre a desistir no meio do caminho. Qualquer pessoa que acredite que pode passar, e se comporte de acordo com essa crença e objetivo, alcançará sucesso. M. Mendes chegou a afirmar que só não existe o que não pode ser imaginado.

Por mais complicada que uma coisa seja, poderemos fazê-la desde que treinemos o suficiente. Além disso, nunca começaremos do nada, porque nenhum conhecimento novo exclui o anterior. Nossa capacidade é o produto de todo o processamento anterior. Assim, desde que não se desista, sempre estará havendo acréscimo de competência para se alcançar o resultado. Se uma tarefa parece enorme, grande, difícil, não há problema. Organize-se, comece pelo mais fácil, depois vá para o mais difícil. Coma o mingau pelas beiradas.

3. AÇÃO

A partir do momento em que se tem um objetivo com a motivação adequada e a crença de que ele pode ser alcançado, inicia-se a fase da ação no mundo material. É a vontade humana convertida em ação que transforma a realidade.

Se você não modificar sua ação no mundo exterior, material, seus resultados serão idênticos aos que já tem. Para mudar alguma coisa, é preciso agir. Portanto, aja!

> Sonhos são gratuitos. Transformá-los em realidade tem um preço.
>
> *E. J. Gibs*

Para ajudá-lo em sua ação, disponibilizamos um projeto para que inicie ou otimize seus estudos e um fluxograma para ajudar na sistematização de seus objetivos.

Capítulo 2 — Projeto de Estudo | 13

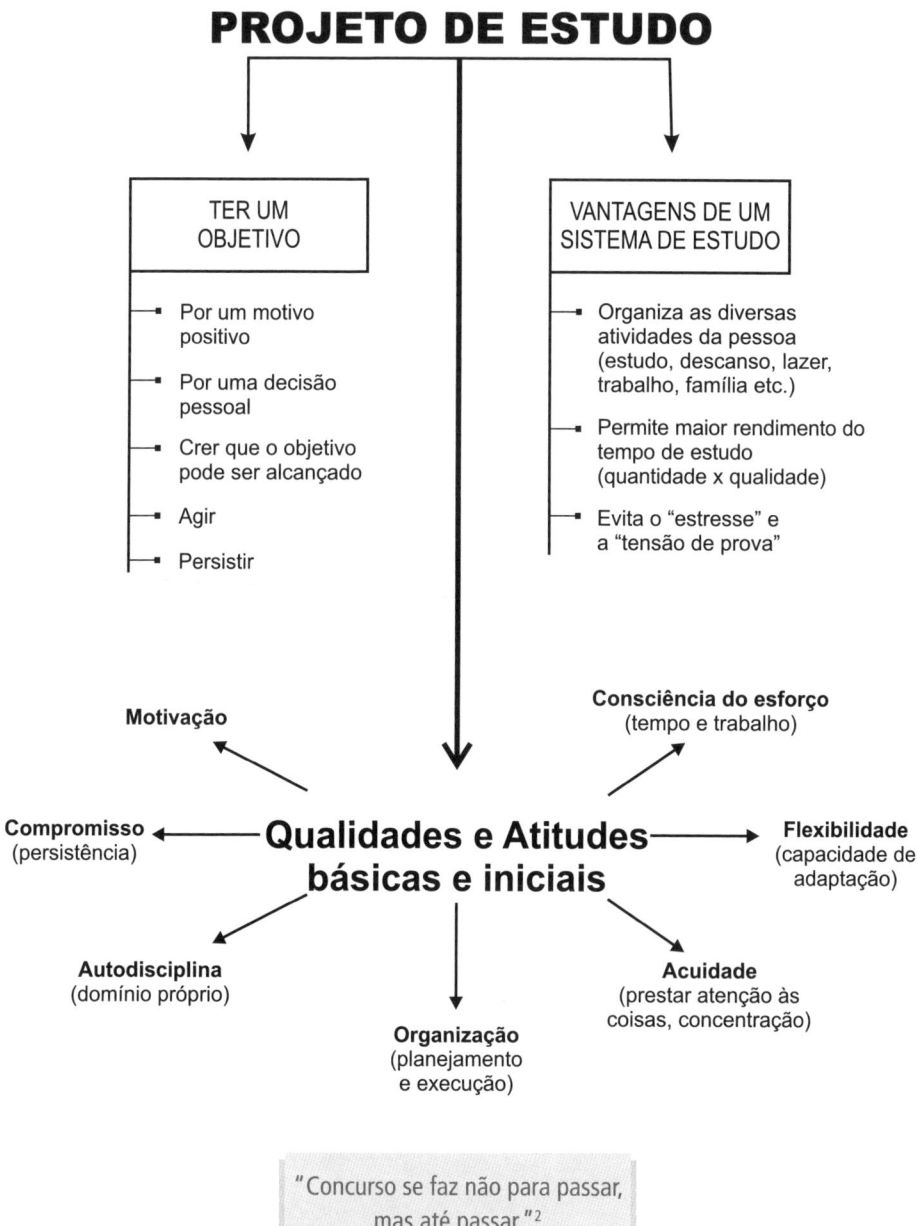

"Concurso se faz não para passar, mas até passar."[2]

---

2 Trata-se de um dos "mantras" do concurso. A lista completa você encontra no site: www.williamdouglas.com.br/mantra-dos-concursos.

FLUXOGRAMA DO OBJETIVO

PERGUNTAS

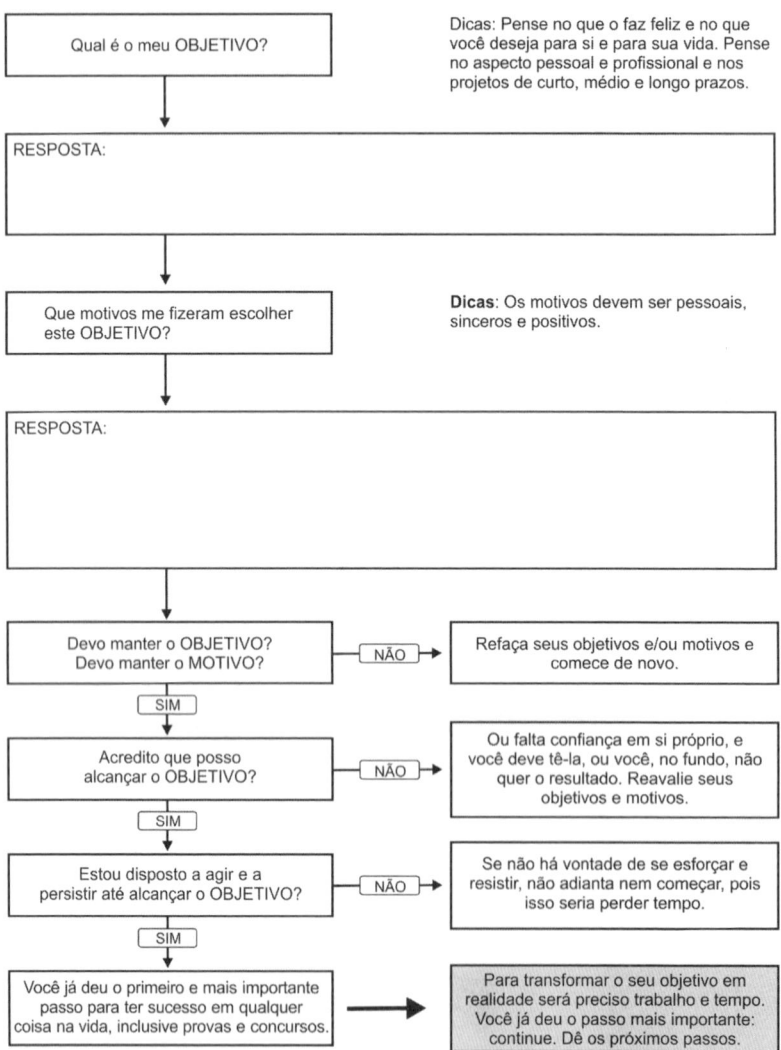

Obs.: Passar na prova pode ser o próprio sonho (iniciar sua carreira de advogado, procurador etc.) ou o caminho para o sonho (ter possibilidade de trabalhar e fazer uma reserva enquanto se prepara para outros voos). Tome consciência do que você quer e lute por isso.

Capítulo 3

Planejamento de Estudo

1. INVENTÁRIO PESSOAL

Para iniciar o seu planejamento de estudo é necessário saber exatamente seus pontos fortes e fracos, como lida com algumas circunstâncias e quais as atitudes para mudar ou aprimorar características. Para isso, faça seu inventário pessoal e circunstancial:

FENÔMENOS	CARACTERÍSTICA	ATITUDE
INIBIDORES	Falhas ou vícios internos e pessoais que limitam o desempenho. Ex.: medo, insegurança, preguiça, apatia, inveja, excesso de desejo por lazer etc.	Através do exercício do autocontrole e domínio próprio, eliminar os inibidores ou reduzir sua influência a padrões aceitáveis.
DEFLAGRADORES	Qualidades e atitudes que permitem uma qualidade de vida melhor e um desempenho superior nos estudos. Ex.: autoestima, dedicação, persistência, fortaleza, alegria, organização etc.	Aproveitar ao máximo as qualidades já existentes e, através da mudança da própria mente, desenvolver novas qualidades.
DIFICULDADES	São circunstâncias externas que prejudicam o estudo. Ex.: excesso de som no local de estudo, ter que trabalhar, dificuldades de saúde, limitações financeiras ou geográficas, filhos etc.	Tentar eliminar as dificuldades na medida do possível: trocar de local de estudo, mudar de local de residência etc. Adaptar-se às circunstâncias imutáveis (filhos, trabalho etc.)

FENÔMENOS	CARACTERÍSTICA	ATITUDE
FACILIDADES	São circunstâncias que facilitam o projeto de estudo. Ex.: não ter que trabalhar por receber ajuda de parentes ou cônjuge, dispor de um bom ambiente de estudo e de verba suficiente para livros e cursos etc. Lembre-se que sua escolaridade, estar lendo esse livro para se orientar, sua saúde são "facilidades" importantes que você já tem a seu favor.	Aproveitar ao máximo as oportunidades. Não desperdiçar as vantagens, que podem não ser eternas. Não agir como o coelho, que, por ser mais veloz que a tartaruga, se descuidou. Não se sinta culpado se tem alguma facilidade: aproveite-a, pois alguém a está proporcionando por amor a você.

Há uma série de fatores que podem inibir seu desempenho e uma série de fatores que estimulam o processo de qualidade no estudo e de ganho real na aprendizagem. São estes os fatores que denominamos: inibidores e deflagradores.

Precisamos nos olhar no espelho e, com sinceridade, definir nossas qualidades e defeitos. Quais são suas qualidades que facilitam o estudo? Quais são os defeitos que mais atrapalham? Liste-os. Quais fatores externos são positivos? E os negativos? Liste-os.

QUALIDADES (DEFLAGRADORES)	DEFEITOS (INIBIDORES)

Não ceda à tentação de pular esta parte e não se autoavaliar. Todavia, seja crítico. É preciso julgar a si mesmo, sob pena de perder considerável ganho de aprendizagem na administração pessoal.

Mais do que isso, liste as coisas que mais o atrapalham no estudo. Por enquanto, anote apenas aquelas relacionadas diretamente à sua pessoa (não relacione, por exemplo, o fato de ter que trabalhar para sustentar a família ou de ter familiares exigentes/namorada carente). Esse é o momento de rever a lista que acabou de fazer relacionando suas qualidades (ex.: motivação, escolaridade) e os defeitos que precisa superar (ex.: preguiça, falta de disciplina).

Ao anotar os pontos positivos e negativos, você estará se municiando para se sair bem. Reflita, pense e anote.

Falaremos mais à frente sobre alguns inibidores comuns e como lidar com eles. Agora, é hora de anotar aqueles fatores externos, que não dependem de você, mas que ajudam bastante na sua preparação (ex.: apoio familiar, auxílio financeiro da família, tempo, proximidade do local de estudo/bibliotecas)

FATORES EXTERNOS QUE AUXILIAM

Por último, quais são as dificuldades externas que o estão atrapalhando? Primeiro anote-as e, depois, pense em estratégias e maneiras de resolvê-las ou, pelo menos, minorá-las. Muitas delas podem ser contornadas com diálogo e flexibilidade; às vezes o que falta é abrir seus planos.

FATORES EXTERNOS QUE DIFICULTAM

1.1. Inibidores

É chegado o momento de retomar aquilo cuja resolução só depende de nós. Se conseguir eliminar seus inibidores pessoais, poderá melhorar sensivelmente o rendimento no estudo e isso será visível.

Em geral, a maior parte dos inibidores você consegue resolver com uma boa dose de força de vontade. Algumas se resolvem por completo (ex.: falar ao telefone/redes sociais); outras se administram (ex.: filhos/família). O importante é que, resolvendo esses problemas, tudo ficará mais fácil. O que o reprova, de fato, são essas dificuldades pessoais e circunstanciais. A matéria está nos livros e nas aulas: você só precisa se organizar para aprendê-la e treinar a transmissão dela para o papel da prova – assunto que trataremos mais à frente.

a) Excesso de sono

Dormir é essencial, isso é um fato. É no sono que o que se aprende é convertido em memória. O problema é o sono em excesso. **Só existe uma solução aqui:** dormir apenas o suficiente: nem mais, nem menos.

Sono em excesso pode ser fruto da falta de exercícios físicos e da desorganização do horário. Transforme dormir em um ritual; comece relaxando, desligando a mente dos estudos e problemas. Evite telas na hora de dormir, seja a TV, celular, PC ou tablet, procure se desligar por completo.[1]

b) Cansaço

Cansaço é diferente de sono. Sono é normal; cansaço é gerado por excesso de tarefas ou má administração do tempo. Procure dormir o suficiente e com qualidade, fazer exercícios físicos regularmente, não se alimentar em excesso especialmente antes de dormir; evite quanto possível o excesso de tarefas e tenha momentos de relaxamento, de reflexão. Um pouco de cansaço é normal, a preparação é cansativa mesmo, apenas evite pôr pressão demais na máquina para chegar lá. O ideal é encontrar um ponto de equilíbrio.

c) Falta de concentração

Investigue se sua falta de concentração não é fruto da falta de interesse na matéria, no objetivo, ou de treino e organização. Na hora do estudo, devemos ser capazes de nos "amarrar", como Ulisses da Odisseia, aos nossos objetivos, e não nos deixarmos levar por "cantos de sereia". Se você não está conseguindo se concentrar, procure gerar interesses e pequenos objetivos em relação ao estudo. Isso aumentará, pouco a pouco, sua concentração. Se o problema persistir, sua falta de concentração pode exigir mais atenção.

---

1 Se for utilizar algum dispositivo que emite luz, tente programá-lo para reduzir o brilho. Alguns celulares e tablets têm aplicativos e funções que agendam o esmaecimento e amarelamento da tela conforme a luminosidade muda e existem aplicativos que promovem essa transformação quando não é uma opção de configuração.

d) Falta de disciplina

Disciplina é necessário. Escolha se quer ter disciplina e passar, ou continuar como está e não passar. Pode parecer duro, mas é a pura realidade. Disciplina é treino. Se começar agora, vai conseguir resultados mais rápido.

e) Falta de método ou de organização

Este não é mais um problema. Você já está se organizando. Coloque em prática as dicas deste livro e terá, além da organização, o método!

f) Falta de tempo

A falta de tempo é resultado, em regra, da falta de compromisso com o objetivo ou da falta de organização e autodisciplina do estudante (remete aos itens anteriores). Algumas vezes, é fruto de múltiplas responsabilidades (trabalho, filhos). Seja qual for o seu caso, o mais importante é a vontade de ter tempo para estudar, o que exige algum sacrifício e muita força de vontade.

g) Preguiça

Harvey Mackay disse algo que se aplica ao assunto: perfure seu poço antes de ficar com sede. Se você reconhece que a preguiça o atrapalha, a solução está em mudar seu comportamento.[2] A preguiça, o descanso em excesso, a indisposição para o trabalho e para o estudo, a indolência são como portas muito largas.[3] Elas são fáceis de atravessar, mas não levam longe. Escolha a porta estreita e passe na OAB.

h) Falta de autoestima

O primeiro passo para melhorar de vida é parar de reclamar da atual e, a partir dela, construir outra. Aceite-se como é e faça sua parte para mudar o que deseja. Goste de si mesmo, afinal, é seu principal aliado e sua mente e seu corpo são a casa onde vai morar por toda a sua vida. Cuide bem de si mesmo.

---

2 Recomendamos, aqui, a leitura de Provérbios 6:6: "Vai ter com a formiga, ó preguiçoso, considera os teus caminhos, e sê sábio; a qual, não tendo chefe, nem superintendente, nem governador, no verão faz a provisão do seu mantimento, e ajunta o seu alimento no tempo da ceifa. Ó preguiçoso, até quando ficarás deitado? Quando te levantarás do teu sono? Um pouco para dormir, um pouco para tosquenejar, um pouco para cruzar as mãos em repouso; assim te sobrevirá a pobreza como um ladrão, e a tua necessidade como um homem armado."
3 A referência a portas largas e estreitas está na Bíblia no livro de Mateus 7.

i) Falta de dinheiro

A falta de dinheiro pode ser um problema, mas também um bom motivo para você estudar. Toda pessoa esforçada consegue uma porta, seja uma bolsa, seja bibliotecas públicas, livros emprestados, sites com conteúdo gratuito, alguém para dar uma força.

j) Não gostar da matéria

Passe a gostar da matéria, ela deve ser sua aliada e não sua inimiga e, no caso da OAB, você vai ter de lidar com ela por muitos anos ainda.

k) Falar muito ao telefone/WhatsApp ou "vício" em redes sociais

Você pode cronometrar o tempo que passa com o telefone (seja em ligação ou com mensagens/redes sociais). Após tantos minutos, desligue a ligação, feche o app. É uma mera questão de autodisciplina e de opção sobre o que é mais importante: o telefone, os grupos, o *feed* ou o objetivo. Procure desligar o telefone, ou colocar no modo silencioso durante o estudo.

l) Medo, ansiedade e nervosismo

O medo de não ter sucesso já o ajudou em algum momento? Não, né? Mas, com certeza, **já o atrapalhou**. O medo, a ansiedade e o nervosismo atrapalham mesmo e, por isso, temos de eliminá-los. Renato Russo cantou que muitas vezes lidamos com monstros de nossa própria criação, e que podemos passar noites inteiras acordados apenas por causa do medo da escuridão.

Há várias formas de se lidar com esses sentimentos. Não se preocupe com ele, desfoque a preocupação, "contra-ataque" com imagens e mensagens positivas. O cérebro é capaz de controlar sua atenção e focar ou retirar o foco de alguma coisa. Utilize essa capacidade para não prestar atenção nessas sensações prejudiciais.

m) Preocupação com o nível de dificuldade da prova

É comum os candidatos se estressarem se perguntando (e perguntando a todo mundo) qual será o nível de dificuldade da prova, das questões. Isso não adianta nada. O nível de dificuldade varia muito e, além do mais, o que define se a prova é difícil ou fácil é o que você estudou e sabe da matéria. Não pense assim, estude sempre para fazer uma prova com alto grau de dificuldade: se vier assim, estará preparado; se vier fácil, para você será mais fácil ainda.

n) Comparações com terceiros

Esta é uma das atitudes mais tolas que alguém pode ter. Esta atitude gera ansiedade, orgulho, arrogância, inveja, rancor, complexos, ou seja, uma gama enorme de fatores extremamente negativos. Não há pessoas ou situações iguais. Por isso, é tolice nos compararmos com outra pessoa, cuja vida, alimentação, oportunidades, inteligência, traumas, alegrias e experiências são distintos dos nossos.

o) Problemas graves pessoais ou na família, saúde etc.

Todos temos problemas, uns mais graves, outros não. A primeira providência é definir se a gravidade é suficiente para recomendar a suspensão do projeto de estudo por algum tempo. A prova da OAB acontece várias vezes ao ano, então esse planejamento pode ser de curto, médio ou longo prazo. Às vezes, a tempestade é tão forte, que se recomenda arriar as velas e esperar. Se for o caso, faça isso. Por outro lado, descubra se é possível administrar, conciliar o estudo e os problemas pessoais. Na maior parte das vezes, os problemas vão diminuir sua capacidade de esforço, mas sua força de vontade impedirá uma parada completa. Mesmo que com menos tempo, a manutenção de um programa de estudo vai ajudar a manter tudo na memória, agregar conhecimento e chegar aonde se quer.

p) Vontade de desistir

Desistir é, em um primeiro momento, mais fácil do que persistir. Isto acontece porque para se desistir basta um instante, uma única manifestação de vontade. Não desistir é aparentemente mais difícil, pois depende de constância de propósito, de uma constante renovação da motivação, ideais, vontade. Contudo, a longo prazo, desistir é muito mais difícil porque apenas quem desiste não chega. Os que não desistem chegam no destino cedo ou tarde. Quem desiste, passa a vida com a dúvida e/ou com a frustração de não ter continuado ou com a incerteza do "e se". Imputa-se a William Wallace, o herói da Independência da Escócia, um discurso em que convenceu camponeses a enfrentar o poderoso exército inglês. Ele diz que os camponeses poderiam voltar para suas casas e viver tranquilamente anos e anos, como servos, mas vivos. Mas disse que depois de 10, 20 ou 30 anos, no momento da morte, cada um deles daria todo o resto de suas vidas para poder voltar no tempo e ter de novo a oportunidade de lutar pela própria liberdade.

Os camponeses lutaram e venceram o poderoso exército inglês. Agora é a sua vez.

Fazer a prova da OAB vale a pena? Vale. Você pode nem exercer advocacia depois, pode prestar concursos, pode trabalhar em outro setor, mas ter a OAB abre um leque de oportunidades de trabalho que não estão disponíveis sem ela.

Sobre por que não devemos desistir, retomamos a passagem sobre portas largas e estreitas, em Mateus 7:13,14: "Entrai pela porta estreita; porque larga é a porta, e espaçoso o caminho que conduz à perdição, e muitos são os que entram por ela; e porque estreita é a porta, e apertado o caminho que conduz à vida, e poucos são os que a encontram".

Embora estivesse falando sobre a opção de seguir a Cristo, o texto menciona uma lei espiritual valiosa, a de que caminhos muito fáceis (como desistir, por exemplo) normalmente levam à perdição e ao fracasso. O esforço, o trabalho, o estudo, a dedicação e a persistência podem ser portas estreitas, mas conduzem a pessoa a um bom destino.

Dica

Programe-se positivamente: quando as coisas começarem a ir cada vez melhor (e esse é o objetivo de nosso trabalho, nossos esforços etc.), faça o seguinte:

1) alegre-se por estar colhendo o que vem plantando;

2) mantenha uma programação positiva, otimista. Aceite que as coisas deem certo. Afinal, as coisas podem dar certo!;

3) aproveite o bom momento para identificar falhas que ainda possam estar ocorrendo, procurando aperfeiçoar sua vida e sistema de estudo para evitar problemas futuros. Ou seja, após agir e ter algum bom resultado, reavalie, analise e realize eventuais ações corretivas, se elas forem necessárias;

4) sempre é possível melhorar. Combine a satisfação, alegria e contentamento já alcançados com uma busca otimista por novos aperfeiçoamentos e melhoras;

5) aproveite o dia (*carpe diem*).

> Isso de querer ser
> exatamente o que se é
> ainda vai nos levar além.
>
> *Paulo Leminski*

1.2. Deflagradores

Para aumentar consideravelmente seu desempenho tenha, desenvolva e exercite autoestima e alegria.

A primeira, autoestima, é um mecanismo difícil de explicar objetivamente e é essencial para quem deseja otimizar seu aprendizado. Se uma pessoa se respeita e estima, seu cérebro irá empenhar-se para aperfeiçoar essa noção, para obedecer a essa programação. Se a pessoa se menospreza, se diminui e não se respeita, seu cérebro irá trabalhar para que essa imagem mental seja cada vez mais verdadeira. Se a pessoa vive dizendo que é "burra", que não aprende, que não é capaz, seu cérebro vai simplesmente obedecer a esses comandos. Se a pessoa diz que vai conseguir, que vai aprender, seu cérebro irá esforçar-se para obedecer.

Sem autoestima é possível aprender, mas a experiência demonstra que se aprende mais facilmente com ela.

Já a alegria é a apreciação do próprio sucesso, das etapas vencidas, do acréscimo paulatino e constante de conhecimentos, excelentes instrumentos para melhorar a qualidade do estudo e diminuir a tensão e o estresse.

Aprenda a alegrar-se com seus progressos mesmo que venham disfarçados de derrotas. Reprovações são apenas demonstrativos do que você ainda precisa melhorar.

> Ser feliz ou infeliz depende em grande parte
> de nossa disposição, não das circunstâncias.
>
> *Martha Washington*

2. INVENTÁRIO CIRCUNSTANCIAL

Agora, passaremos a tratar de circunstâncias externas ao indivíduo. Não estamos mais falando de qualidades ou defeitos, mas da situação em que o candidato se encontra. Aqueles fatores externos que atrapalham ou ajudam na preparação.

Um bom planejamento de estudos deve começar com a organização do tempo e com a identificação desses pontos, externos, que influenciam no jogo, e que, muitas vezes, podem ser modificados para melhor. Assim, podemos dar o primeiro passo para lidar com cada situação.

> Quais as facilidades e dificuldades que eu tenho
> para alcançar meu objetivo?

Se, em algum momento, as circunstâncias lhe ameaçarem com o fracasso, saiba que, enquanto se persiste tentando, não existe fracasso definitivo e que **o único fracasso real é aquele do qual não retiramos lição alguma**. Você deve buscar maneiras de enfrentar ou contornar as situações que fogem do seu controle através de diálogo, de postura ou de distância.

Somos o que fazemos, mas somos,
principalmente, o que fazemos
para mudar o que somos.

Eduardo Galeano

Capítulo 4

Definindo o Prazo para Aprovação

> Concurso não se faz para passar,
> mas até passar
>
> Mantra nº 2

O mantra que abre o capítulo é a regra de ouro do estudante. Não defina prazos: estabeleça um objetivo e tenha a persistência necessária para alcançá-lo. Como dizia o maior vendedor do mundo: o fracasso nunca me alcançará se minha vontade de vencer for suficientemente forte.[1]

Além do mais, o fracasso é uma situação ou um momento, nunca uma pessoa. Como já dissemos, você pode acumular exames em que não passou, mas bastará uma aprovação para "resolver" o problema. E, de mais a mais, um resultado negativo sequer pode ser considerado um fracasso, porque você ganha experiência para a próxima prova, vê seus pontos fortes e pode reforçar onde é mais fraco.

O título deste capítulo contém uma pequena armadilha: definir o prazo para ser aprovado é exatamente não buscar a sua definição. O que devemos definir é o objetivo a ser alcançado e um dos motivos pelos quais não se deve definir um prazo é o fenômeno da agregação cíclica.

1. AGREGAÇÃO CÍCLICA

Cada novo conhecimento é agregado aos já consolidados formando-se um ciclo maior, mais rápido e mais seguro de aprendizado. A cada

---

[1] Frase atribuída à Og Mandinos. Italiano radicado nos Estados Unidos e considerado o "guru" do setor de vendas.

novo conhecimento aumenta o número de associações cerebrais e, consequentemente, a capacidade da memória e a facilidade de agregação de novos conhecimentos.

O aumento do conhecimento segue uma linha de progressão geométrica, funciona como se fosse uma imensa bola de neve, cada vez maior e mais rápida. É por esse motivo que não se pode parar de estudar até alcançar sucesso ou que se deve programar o sucesso na agenda. Enquanto estamos estudando, estamos agregando conhecimentos e aumentando nossa capacidade de aprender cada vez mais.

Moral da história: você não deve simplesmente desistir no meio do caminho. Gaste quanto tempo quiser até decidir qual é o seu objetivo, mas se ele for o de passar na OAB, não pare até conseguir. Os tempos de aprendizagem variam de pessoa para pessoa. Você não deve correr o risco de parar de estudar um pouco antes de entrar nos ciclos de crescimento rápido, de assimilação geométrica. Imagine estar quase alcançando o momento em que começará a aprender mais rapidamente e parar... Não seria um desperdício?!

1.1. Demonstração dos Ciclos

TEMPO EM CICLOS DE ESTUDO (SEMANAS, MESES ETC.)	CONHECIMENTO ANTERIOR	CONHECIMENTO AGREGADO (= CRESCIMENTO)	TOTAL DE CONHECIMENTOS
CICLO Nº 1	1,0	+ 1,0	2,0
CICLO Nº 2	2,0	+ 1,0	3,0
CICLO Nº 3	3,0	+ 1,2	4,2
CICLO Nº 4	4,2	+ 1,8	6,0
CICLO Nº 5	6,0	+ 2,5	8,5
CICLO Nº 6	8,5	+ 3,5	12,0
CICLO Nº 7	12,0	+ 6,5	18,5
CICLO Nº 8	18,5	+ 12,5	31,0
CICLO Nº 9	31,0	+ 22,0	53,0
CICLO Nº 10	53,0	+ 47,0	100,0

1.2. Analisando os Ciclos

O fenômeno dos ciclos pode compreender dias, semanas, meses ou até anos. O número 100 é o grau de conhecimento hipotético que é preciso para se passar em um concurso, é a nota mínima para passar e a quantidade de matéria que se tem de conhecer para chegar lá. É importante ter essa informação delineada para poder começar a estudar. É o planejamento inicial. No caso da OAB, primeira fase, a nota máxima é 80 e a mínima para ser aprovado é 40. Na segunda fase, a nota máxima é 10 e, para ser aprovado, a nota mínima é 6. Falaremos mais sobre isso nos próximos capítulos.

CICLO Nº 1. Quando a pessoa começa, ela sabe apenas 1 em 100 graus necessários. O objetivo está distante, mas isto não impede que ele seja alcançado. Ao começar a estudar não se sabe praticamente nada. O grau 1 é dado porque ninguém começa do nada, já que traz experiências anteriores. No ciclo 1 a pessoa aprende + 1.

CICLO Nº 2. A pessoa aprende a mesma quantidade. Aparentemente não está aprendendo "nada". Poderá pensar que não está melhorando, pois nesta fase o crescimento é lento, em progressão aritmética e às vezes parece até piorar. Esta fase é, todavia, essencial para que se alcance as demais. Aqui o cérebro começa a se exercitar e a se preparar para as novas agregações de conhecimento. Nesta fase pode haver a sensação de confusão ou desagregação, mas isto é parte do processo de aprendizado.

CICLO Nº 3. Começa a haver progresso: a pessoa passou a aprender 1,2, ou seja, teve um rendimento 20% maior.

CICLOS Nºˢ 4 a 6. Vê-se que a agregação de conhecimentos começa a deslanchar. O aumento é lento, mas gradual. A curva de agregação, que vinha subindo lentamente, começa a subir com mais vigor.

CICLOS Nºˢ 7 e 8. A pessoa começa a quase dobrar seu rendimento de ciclo para ciclo. A fase da progressão geométrica está iniciando. Pode acontecer de o estudante se assustar, começar a mandar mensagens negativas para o cérebro, tais como: "É matéria demais", "Vou esquecer alguma coisa". Essas mensagens venenosas podem ser obedecidas pelo cérebro, em prejuízo do próprio candidato. Portanto, pense positivamente. Esta fase é o começo da colheita. Veja que aqui o total de conhecimentos (20 a 30 em 100 necessários) começa a dar não só a esperança como a convicção de que é possível passar.

CICLO Nº 9. Nele o conhecimento passa a dobrar por ciclo. É impossível chegar nesta fase sem "penar" nas anteriores. O pior risco desta fase é o fato de que o candidato já está há muito tempo estudando. Muitos desistem bem perto do sucesso. É o famoso "morrer na praia". É nesta fase que o candidato começa a tirar notas "raspando" e, muitas vezes, interpreta o "quase passei" como fracasso e não como o que é: um glamouroso sucesso. Nesta fase basta não parar o trem.

CICLO Nº 10. Fase em que a agregação por ciclo é superior à dobra do conhecimento anterior. A tendência agora é multiplicar a agregação por três, por quatro e assim por diante. Isto nem precisaria ocorrer, pois nada, senão o tempo, impede a conquista do grau de conhecimentos necessários para passar. Todavia, quando o grau é 100, o candidato dependerá ainda um pouco da sorte: cair o que já estudou, do humor do examinador, de estar ou não em um dia "daqueles" etc. Pode ser que, mesmo sabendo o necessário, não passe, fique por um triz. Curiosamente, há quem desista nessa fase porque ficou por pouco em alguns concursos e continua "apanhando". A solução aqui é não parar de prestar as provas. A essa altura estudar já se tornou um hábito. Além disso, deve-se analisar o desempenho, aperfeiçoar as revisões e o estudo nos pontos da matéria em que ainda encontre alguma dificuldade, ou seja, "aparar as arestas".

1.3. Variabilidade Pessoal

Os ciclos e a velocidade e tempo de duração de cada um deles varia de pessoa para pessoa. O princípio, contudo, sempre ocorre: o conhecimento cresce em progressão geométrica, de modo que quanto mais tempo você se mantém estudando, mais rápido aprende e mais rápido chega à "velocidade de dobra". O que não significa necessariamente que estudar 10/12 horas por dia vai fazer você aprender mais rápido ou avançar mais nos ciclos. O importante é a qualidade do seu estudo. Outro detalhe: não se preocupe em contabilizar seu aumento de conhecimentos para o fim de verificar ciclos ou velocidade de dobra. Apenas estude com regularidade, exercite-se e deixe as coisas acontecerem. O melhor termômetro do seu aprendizado é a prova.

1.4. Velocidade de Dobra

O candidato mais cedo ou mais tarde chega àquilo que chamamos de "velocidade de dobra", estágio em que será capaz de, a cada ciclo, dobrar a quantidade de conhecimento agregado. No exemplo citado, os aumentos de conhecimentos foram de 1,0 – 1,0 – 1,2 – 1,8 – 2,5 – 3,5 – 6,5 – 12,5 – 22,0. Se a cada ciclo se agregasse um grau 20, já seria ótimo. O melhor é que depois que se chega a este ponto o ritmo do aumento de conhecimentos continua a crescer.

Esse fenômeno não acontece apenas individualmente. A raça humana, nos tempos antigos, levava séculos para dobrar seu nível de conhecimento. Hoje, já não se pode estimar tamanha a velocidade com que são criados novos conhecimentos e feitas novas descobertas em diversos campos. No caso do estudante, basta ter paciência e dedicação, ao lado de qualidade no estudo, para alcançar a "velocidade de dobra".

> As coisas sempre terminam bem.
> Se ainda não estão bem é porque não chegaram ao fim.
>
> *Fernando Pessoa*

1.5. Gráfico do Tempo de Estudo em Face da Agregação de Conhecimentos

Veja em forma de gráfico a relação entre tempo de estudo (Ciclos de 1 a 10) e quantidade de conhecimento agregado (1 a 50):

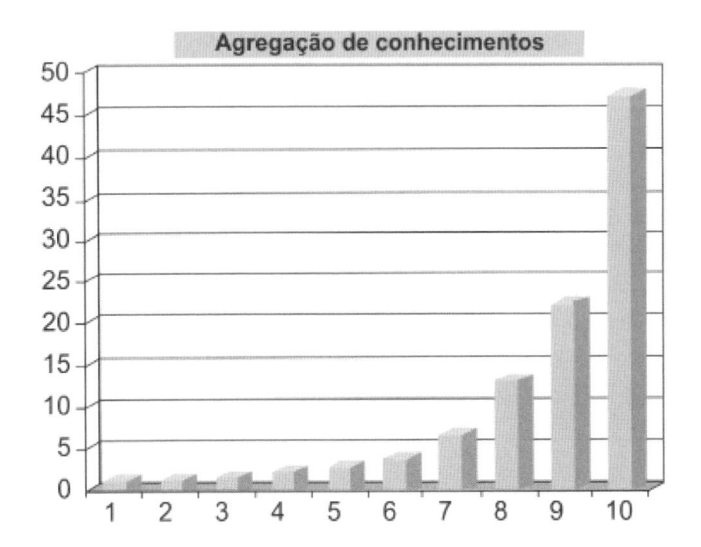

1.6. Linha do Tempo

Observe uma rápida comparação entre os ciclos de estudo em relação à progressão de conhecimento agregado:

CICLOS (CADA UM DOS PERÍODOS DE ESTUDO, EM SEMANAS OU MESES)	QUANTIDADE DE CONHECIMENTO AGREGADO NO CICLO / PERÍODO
CICLOS Nos 1, 2 e 3	3,2
CICLOS Nos 4, 5 e 6	7,8
CICLOS Nos 7, 8 e 9	41,0
CICLO Nº 10	47,0

a) Nos três primeiros ciclos a pessoa aprendeu "apenas" 3,2, quantidade de agregação que foi mais do que dobrada nos três ciclos seguintes (7,8).

b) Nos ciclos de nos 7, 8 e 9 o aumento foi enorme em comparação aos seis primeiros ciclos (41,0 contra 11,0). Como se vê, a curva que relaciona tempo de estudo (ciclos) e agregação de conhecimentos começa subindo bem lentamente, vai se acelerando e, mais cedo ou mais tarde, explode, subindo como um foguete.

c) No ciclo 10, ou seja, em um único ciclo (que pode ser, por exemplo, os últimos três meses de uma série de 30), a agregação foi de 47,0, superando os três ciclos anteriores, que já tinham sido de grande sucesso.

IMPORTANTE: aprender um assunto é como montar um quebra-cabeça: começamos devagar, mas à medida que progredimos a velocidade vai aumentando em saltos. Por isso, devemos ter paciência e perseverança, pois se fizermos nossa parte os resultados irão aparecer. Isso inclui estudar com disciplina, regularidade e com técnica.

2. SOBRE PRAZOS E RESULTADOS

A ideia de estabelecer prazo para passar, seja em anos ou em número de concursos ou tentativas é equivocada, como já dissemos. E a comprovação disso pode estar em observar a natureza.

O bambu chinês, depois de plantado, passa cinco anos sem crescer nada para cima do solo. No sexto ano, chega à impressionante altura de 24 metros. Pela lógica humana, deveria crescer quatro metros por ano. Mas a natureza tem sua lógica.

Da mesma forma, quem está batendo com um martelo em uma pedra pode dar 20 marteladas e não ver nenhum efeito. De repente, a 21ª martelada esmigalha a pedra. Qual foi a martelada que funcionou? A 21ª? Não! A resposta certa é "o conjunto das 21".

Você não pode desanimar, achando que os resultados não estão aparecendo. Seu cérebro e sua aprendizagem funcionam pelas regras da natureza. Os resultados só aparecem depois de um tempo. Você vai precisar ficar martelando, mesmo sem ver resultados, até que – aparentemente de repente – as coisas aconteçam.

Uma coisa é esperar pelos resultados. Isto acontece quando está estudando regularmente e com qualidade, organização e concentração. Outra coisa é o que acontece quando estuda sem cuidado: os resultados nunca vão aparecer.

O que fazer, então? A resposta é simples: fique atento ao seu sistema de estudo, fazendo progressos em suas técnicas de estudo e avaliando seus resultados (sem pressa). O tempo vai mostrar o que está funcionando e o que precisa ser melhorado.

2.1. Prova da OAB e a Repescagem

A prova da OAB é realizada em duas fases, grande parte das reprovações ocorre na primeira fase. Mas alguns candidatos são aprovados na primeira fase e acabam derrapando na segunda. Neste item, lidamos com resultados positivos e negativos, mas é importante falar, também, da repescagem.

A repescagem foi um sistema implantado há pouco pela OAB, para os candidatos que não obtiveram a aprovação na segunda fase do exame. Ou seja, pela repescagem, o candidato tem a chance de realizar apenas a segunda fase do próximo exame, "pulando" a primeira fase.

O examinando realizará apenas a prova dissertativa, composta da peça profissional e quatro questões discursivas. Entretanto, se ele for reprovado na repescagem, terá de reiniciar o processo desde a primeira fase, no próximo exame. Portanto, foi reprovado na segunda fase, calma! Você pode ter uma segunda chance de realizar a prova, mas não encare essa chance como a última ou a única oportunidade restante. Não existe problema algum em começar novamente. Tampouco você deve contar com essa chance para não se preparar com afinco ou achar que pode adiar a retomada do estudo. O adiamento do reinício dos estudos é um erro grave que pode comprometer muito sua preparação.

O tempo de estudo proporcionado pela repescagem tem um valor inestimável para o estudante. Além do seu aproveitamento para superação das deficiências que o levaram à reprovação, a revisão e até mesmo o aprofundamento de todo o conhecimento da disciplina escolhida não podem ser negligenciados. Há tempo suficiente para todas estas tarefas!

A atitude certeira é entrar de cabeça nos estudos, esgotando o conteúdo da disciplina escolhida, que, certamente, ainda estará fresco na cabeça. Não perca seu objetivo de vista! Não se deixe iludir pelo tempo e mantenha o foco e o ânimo.

Por mais que considere injusta a sua reprovação, não há tempo para lamentações. Se foi reprovado é porque algo não deu certo e você precisa diagnosticar os motivos o quanto antes e superar essas deficiências. Já falamos um pouco sobre isso e retomaremos este tema ao longo da obra.

Assim que obtiver seu resultado, respire fundo e retome suas forças. Não declare perdida a guerra quando foi apenas uma batalha. Faça um exame minucioso das suas metodologias e estratégias de estudo. Identifique quais questões pontuais necessitam de mudança e a promova. O erro não é você, é sua metodologia, sua estratégia. E isso é muito reconfortante na medida em que, portanto, podemos recomeçar, escolher novos caminhos e fazer um novo fim.

A aceitação da reprovação nos poupa energia e nos põe em contato com novas iniciativas. Ela é, definitivamente, uma mola propulsora. Na repescagem, o tempo está a favor do candidato, use-o a seu favor e sem desperdício. Seu estudo será diferenciado e promissor se trabalhar com afinco e dedicação.

3. O IMPONDERÁVEL: A SORTE E O AZAR

> Engraçado, costumam dizer que tenho sorte.
> Só eu sei que, quanto mais eu me preparo,
> mais sorte eu tenho.
>
> *Anthony Robbins*

O prazo também tem íntima relação com a sorte e o azar, ou seja, com o imponderável. É possível que estes fatores ajudem ou prejudiquem, residindo a solução em uma preparação que torne menor a sua influência. A sorte consiste em sair-se bem quando a probabilidade maior era contrária, e o azar, em ter algum revés quando as probabilidades eram favoráveis.

O azar acontece quando, embora preparados, por algum motivo não rendemos o suficiente na hora da prova. Para não depender do imponderável, da álea (sorte/azar), você precisa saber, por exemplo, o suficiente para tirar 8,0. Mesmo que caia o que saiba menos, que o examinador seja rigoroso, que não esteja em um dia muito bom, vai passar. Tirando isso, é certo que, se já souber 50%, não vai dar azar sempre. Auxilia bastante pedir ajuda a Deus, para abençoá-lo e protegê-lo do azar, do imponderável. Deus ajuda a quem pede.

A Bíblia também diz para fazermos a nossa parte, que é estudar o suficiente para ter conhecimento além da "conta do chá". Outra coisa a fazer é treinar as técnicas para realizar provas a fim de evitar queda de desempenho na hora do exame. Ou seja, não dar chance para o azar.

Dica importante:

A pessoa que estuda sem organização e para por causa de uma crise de estresse ou cansaço, ou que passa um longo tempo longe do estudo por causa de uma prova em que achou sua nota injusta, entra em um circuito de perda, de desaceleração. Quem mantém um ritmo constante de estudo cria um sistema de acréscimo.

Ainda que existam períodos em que podemos estudar mais e outros menos em face de circunstâncias (ex.: mais durante as férias ou menos durante uma doença), o importante é manter sempre um ritmo mínimo (um "piso salarial"), a fim de que o cérebro mantenha ativas as associações específicas das matérias em estudo.

Considere cada prova como uma batalha. Você pode até perder uma ou mais batalhas, mas se não desistir, vencerá a guerra. Este jogo só termina de duas formas: com uma desistência ou com uma vitória. Basta não desistir que você vencerá.

> O que importa não é a vitória,
> mas o esforço,
> não é o talento,
> mas a vontade,
> não é quem você é,
> mas quem você quer ser.
>
> *Extraído do Anúncio da Reebok*

Capítulo 5

Seus Aliados

Antes de estudar a matéria em si é preciso aprender a conhecer a si próprio e a dominar sua capacidade de crescimento cognitivo. Além disso é valioso aproveitar todos os aliados disponíveis para vencer na prova. Ao contrário do que às vezes possa parecer, o candidato não vai sozinho enfrentar uma prova. Ele leva consigo suas crenças, família, amigos, inimigos, traumas etc. Trata-se de uma "guerra" para você e aqueles que o cercam.

Ninguém perde nem vence sozinho. Isto é, aliás, muito útil para manter a humildade na vitória.

Alguém pode querer passar no Exame da OAB sem qualquer ajuda, o que, além de ser muito difícil, fará com que a pessoa não tenha com quem dividir ou comemorar sua vitória.

Além de distinguir quem são os nossos aliados, devemos examinar quem, de certa forma, pode funcionar como um "inimigo". Um patrão insensível ao natural desejo de progresso do ser humano, e que não faça qualquer concessão, pode ser classificado como um problema ou mesmo "inimigo". A solução é se adaptar de forma que o prejuízo causado pela falta de apoio seja o menor possível. Isto pode acontecer também com um cônjuge, parentes, amigos etc. Outro cuidado é não se aproveitar do sucesso e jogar isso na cara do patrão, dos pais ou de qualquer pessoa, o que resultaria em motivação negativa, que prejudica o aprendizado.

1. VOCÊ

Você pode ser seu maior aliado ou seu pior inimigo. Após ter seguido os passos anteriores, como estabelecer o objetivo, ter fé em poder alcançá-lo, organizado os fatores positivos e negativos, além de não se cobrar um prazo determinado, tudo isto demonstra que já está trabalhando como seu primeiro aliado. De você depende, por exemplo, buscar a ajuda divina ou tentar fazer tudo sozinho. De você também depende a parceria ou animosidade com seus colegas candidatos, o bom ou mau uso de seu cérebro, inteligência, memória etc. Só você será capaz de inverter o uso de suas falhas e defeitos para melhorar nos estudos, só você poderá esforçar-se para aperfeiçoar sua capacidade de comunicação verbal e escrita.

Para se conhecer, ter autocontrole, será preciso disciplina, vontade e, principalmente, uma observação constante de si próprio. Avalie-se continuamente, veja seus progressos. Saiba, de antemão, que todos têm sua própria personalidade, qualidades, defeitos, potencialidades e limites. Essa variedade e essa individualidade é que tornam a humanidade algo fantasticamente interessante.

A sua individualidade, que o torna alguém especial e único, deve ser respeitada. Uns são capazes de estudar 16 horas por dia, outros não; uns conseguem eliminar – por algum tempo – todo o seu lazer sem se prejudicar, outros não; uns passam no primeiro concurso, a maioria não. Por tudo isso, afirmamos: conheça a si mesmo (foi o que Sócrates ensinou), ame-se e respeite suas peculiaridades. O único risco é utilizar seus "limites" como desculpa para não se dedicar. Fora isso, vá com calma.

Como disse Jesus, "todo reino, dividido contra si mesmo, será assolado; e a casa dividida contra si mesma cairá" (Lucas 11:17). Nós não podemos nos dividir ou agir contra nós mesmos. Cada um deve ser seu primeiro aliado.

Quando dizemos que somos nosso primeiro aliado, em momento algum estamos comungando com a ideia, equivocada e cada vez mais em voga, de que o homem se basta, de que não precisa de nada senão de desenvolver seu próprio poder e inteligência. Ao dizer que somos nosso primeiro aliado, temos por base o fato de que a decisão de buscar a ajuda divina e a parceria com o próximo é individual e depende de nossa manifestação de vontade. O aperfeiçoamento individual, no entanto, não dispensa a comunhão com Deus e com o próximo, além de precisar de um esforço pessoal e contínuo. Nesse sentido, somos nosso primeiro aliado. Não o único. Ninguém pode substituir nosso passo pessoal em direção a Deus, ao nosso aperfeiçoamento como pessoa e à convivência pacífica com o próximo.

Cuidar de seu equilíbrio emocional, paz interior e saúde serão muito úteis para sua felicidade e para passar na prova da OAB.

2. DEUS

Existe uma equivocada noção de incompatibilidade entre o culto à divindade e o conhecimento científico. Este desacerto afasta algumas pessoas de Deus. Outro engano é supor que o tempo utilizado para o convívio com a divindade é desperdiçado.

Não sabemos qual é a sua religião, mas podemos afirmar que é bom ter uma e investir na própria fé. Não pense que a fé tem alguma relação com a crença cega ou a ignorância. A fé é tanto mais forte quanto mais for questionada. Questione sempre suas crenças de modo que as confirme ou encontre outras, mais verdadeiras.

Além de ter uma fé e questioná-la constantemente, é importante que se procure um relacionamento pessoal com o Criador, pois esta é a essência da boa religião: não um relacionamento distante e asséptico, mas pessoal e diuturno.[1]

O mais importante é que o convívio pessoal, direto e constante com Deus, não é privilégio de uma ou outra pessoa mais evoluída ou disso merecedora por méritos próprios: estar com Jesus é algo ao alcance de todos, gratuito e verdadeiro. Aprouve a Ele proporcionar um acesso tão simples que mesmo uma criança pode entender. Se quiser, pode experimentar buscar Deus e desfrutar de sua benignidade. É provável que possa alcançar seus objetivos sem precisar de Deus, mas nos parece que, se a gente pode contar com um grande amigo na caminhada pela vida, isso vale a pena.

3. FAMÍLIA

Há uma história emocionante que aconteceu com o renomado autor e professor de Direito Empresarial, Alexandre Gialluca. Ele estava na festa da sua graduação na faculdade de Direito, quando o avisaram sobre o AVC (acidente vascular cerebral) do seu pai. Ele imediatamente foi ao

---

[1] Nesse sentido, recomendamos a leitura de Jeremias 29:13: "Vocês me procurarão e me acharão quando me procurarem de todo o coração." Nosso objetivo ao fazer esta abordagem não é a conversão de ninguém, mas o registro de que, ao contrário do que muitos proclamam, Deus existe, está vivo e disposto a compartilhar sua graça e misericórdia com quem a pedir. Sabendo-nos fracos e necessitados de tal compaixão, sempre deixamos as portas abertas e buscamos o convívio direto com Jesus Cristo, do que jamais nos arrependemos. Imputamos a Ele a razão das nossas modestas vitórias. Ao escrever sobre como se preparar, não poderíamos deixar de mencionar a minha principal fonte de ajuda. Seria injusto falar sobre o modo de me preparar e omitir que "O temor do Senhor é o princípio da sabedoria" (Salmo 111:10A).

hospital e recebeu péssimas notícias da equipe médica sobre as sequelas do problema de saúde que o pai estava a enfrentar. A família estava chocada. O médico explicou que seu pai Gialluca precisava soprar um aparelho que tinha três bolas para exercitar os pulmões e desenvolver a sua respiração normal. Soprando com força, as três bolas deveriam subir. Na primeira tentativa nenhuma das bolas se mexeu. Ele não tinha forças. Cada vez que o pai tentava soprar e não conseguia qualquer resultado, a família demonstrava uma expressão de desânimo, como a perda de um pênalti. Sua mãe chamou todos para fora do quarto e pediu o **apoio** deles. Ela disse que o que ele precisava naquele momento era de força, de incentivo e não de **cobranças**. Todos concordaram.

No dia seguinte, o pai continuava com as tentativas dos exercícios e quando a primeira bolinha mexeu, todos aplaudiram e comemoraram. A cada milimétrica evolução a família reconhecia, incentivava, abraçava, beijava e o encorajava a continuar. Alguns dias depois o médico chama Gialluca e pergunta se a família estava fazendo algo diferente, explicando que o pai pediu o aparelho para exercitar o sopro e ficou treinando a noite toda. Quando Gialluca entrou no quarto do pai, ele estava todo sorridente conseguindo soprar até que uma bola subisse 100% da escala.

Você precisa "ensinar" a sua família a apoiá-lo de forma positiva, pois seus parentes naturalmente vão tentar ajudá-lo, mas do jeito deles. Por falta de orientação, as pessoas por muitas vezes cobram de forma negativa no afã de tentar ajudar e acabam prejudicando muito mais.

Coisas do tipo são ditas:

- Eu não vejo você pegar em um livro.
- Você está estudando demais.
- O seu irmão ou primo passou e nem estudou.
- Desse jeito você não vai passar.
- Só passa quem não sai de casa e estuda 100% do tempo.
- Isso é perda de tempo. Só passa quem tem sorte ou paga pelo gabarito.

A família é um dos grandes aliados, e uma boa motivação, para se estudar e passar. E, se mal administrada, pode ser uma das maiores dificuldades para chegar ao sucesso.

Quando ela está atrapalhando, pode ser que a culpa seja nossa: quando a gente se esquece de dar atenção aos familiares e de chegar a acordos para que todos se ajudem mutuamente, sem que um ou vários sejam escravos de outros.

Se sua família não está ajudando, tente mudar esta situação, por meio de conversa, paciência e acordos. Às vezes, dá certo e, certamente, vai ajudá-lo. Se não der certo, nos desculpe, mas vai precisar se organizar para que seus sonhos não deixem de ser realizados por causa disso.

Se sua família o está ajudando, cuide para manter as coisas como estão. Esforce-se para retribuir o apoio e aproveitar a boa sorte que está tendo.

Para alguns, a família é um ponto de apoio e incentivo, ao passo que, para outros, é uma das piores dificuldades. Se, após fazer este inventário, você considerar sua família um complicador, converse com ela para pedir apoio e compreensão. Se os conseguir, ótimo; caso contrário, não esmoreça. Você deve estar disposto a vencer junto com ou apesar das pessoas com quem convive.

3.1. Filhos

Se você tem filhos muito novos, precisará dar atenção a eles e criar mecanismos para ter tempo e silêncio para estudar. A partir da adolescência, passa a ser menos difícil conversar com os filhos para organizar o estudo. Em qualquer caso, separe algum tempo (o que for possível) para lhes dar atenção integral, tenha tempo para eles. Seus filhos precisam saber que são importantes; não dá para ser pai ou mãe só depois que passar. O tempo que gastar com eles será útil. Uma boa estratégia pode ser criar horário de estudo que envolva seus filhos também. Você dará o exemplo e eles compreenderão organização e dedicação mais cedo.

3.2. Pais/ Tios/ Avós

São as pessoas que costumam ajudar mais com apoio emocional, financeiro e conselhos. Atrapalham quando pressionam demais ou tentam intervir exageradamente. Mas é sempre bom separar um tempo para eles, no fim das contas, mesmo atrapalhando, eles querem o seu sucesso.

3.3. Doença

A maior parte dos problemas deve ser administrada para que consiga estudar apesar deles, mas algumas vezes você vai precisar dar uma parada total no estudo. Alguns casos de doença grave, internação hospitalar ou falecimento podem demandar isso. Nestes casos, não desanime: resolva a situação emergencial e depois volte ao estudo. Resolva o que o está tirando do estudo para não ter a mente em duas coisas.

Nesse ponto vale repetir a conhecida oração:

"Senhor, dai-me coragem para transformar as coisas que posso transformar; serenidade para aceitar as que não posso mudar; e sabedoria para distinguir umas das outras."

4. SUA INTELIGÊNCIA

Você é inteligente? Quando começamos a falar sobre este assunto sempre esbarramos em um certo constrangimento. Se perguntamos se as pessoas estão satisfeitas com a própria inteligência, a resposta é sempre negativa. Algumas pessoas chegam a dizer que são "um pouquinho burras".

Somos educados a pensar que a inteligência e a beleza são dádivas da vida que já recebemos prontas e acabadas, que estamos "condenados" a passar o resto da vida com a quantidade de uma ou de outra recebida. É óbvio que aquele que do destino já recebeu beleza e/ou inteligência prontas é um afortunado, com muito mais facilidade e conforto. Para quem não nasceu genial ou lindo, porém, restaria apenas a resignação?

No que tange à inteligência, aos poucos vai se firmando não só o seu melhor conceito, mas também, e felizmente, a conclusão de que ela pode ser aperfeiçoada. É óbvio que o gênio nasce pronto, mas mesmo ele pode se aperfeiçoar. As pessoas que não tiveram tal sorte podem aprender técnicas que otimizem suas capacidades, muitas delas aprendidas da observação dos gênios.

A verdade é que é possível aprender a ser mais inteligente e a desenvolver espécies diferentes de inteligência. A inteligência necessária para a felicidade está à disposição de todos. Além do mais, não existem pessoas "burras", mas sim pessoas que ainda não tiveram a possibilidade ou a vontade de desenvolver sua capacidade intelectual.

Os dois melhores conceitos de inteligência são os seguintes:

Inteligência é a capacidade de adaptação.

Inteligência é a capacidade de buscar a felicidade.

Na verdade, a inteligência é uma habilidade que nasce com todos os seres humanos e é passível de desenvolvimento, ou seja, é possível aprender a ser mais inteligente.

Atos de inteligência. Além da noção de que há diferentes espécies de inteligência, vale mencionar o ensino de Luiz Machado, de que, mais do que pessoas inteligentes, há atos de inteligência. Isto facilita a compreensão de que podemos ser mais inteligentes, desde que substituamos atos menos inteligentes por outros mais inteligentes.

Logo, concluímos que:

1) a felicidade é mais do que passar na OAB;
2) você não precisa ser um gênio para ser aprovado;
3) você já possui hoje um enorme potencial de crescimento e aprendizado;
4) você pode otimizar sua inteligência e capacidade de aprender.

5. O ENTORNO

Se o assunto é "aliados", então, amigo, você precisa saber: existe todo um planeta para ajudá-lo. Você tem livros, apostilas, professores, amigos, internet, bibliotecas, programas do governo e particulares para dar bolsas e/ou material de estudo para pessoas interessadas. Você os está aproveitando? Existem bolsas em cursos particulares mediante troca de horas de aula por horas de trabalho etc. Aproveitá-los é uma forma de tornar o entorno seu aliado.

No assunto "provas", há vários sites com conhecimento gratuito. Para pesquisa e pós-graduação, programas governamentais (ver Capes, CNPq). Em todos os lugares, universidades e cursos prestigiam os alunos com as melhores notas. Também não podemos deixar de falar nas editoras que trabalham na edição e publicação de materiais voltados para quem está se preparando. Um bom exemplo é a Editora Impetus e a Coleção "Passe no Exame da OAB²", que reúne conteúdo e questões desenvolvidas por especialistas no Exame diretamente para você.

Para quem não tem dinheiro, existem ONGs de apoio e cursinhos preparatórios para carentes. Eu nunca vi alguém esforçado que não conseguisse apoio. Crie suas próprias oportunidades e persiga suas chances.

> A melhor forma de prever o futuro é criá-lo.
>
> *Peter Drucker*

Para ajudá-lo, listamos alguns sites úteis:

Institucional

www.planalto.gov.br
www2.camara.leg.br/
www.stf.jus.br
www.oab.org.br
www.oab.fgv.br
www.mec.gov.br
www.cultura.gov.br
www.futura.org.br

Cursos

www.estudar.org.br
www.lfg.com.br
www.vestcon.com.br
www.academiadoconcurso.com.br
www.cers.com.br
www.cursoaprovacao.com.br
www.pontodosconcursos.com.br
www.concursosjuridicos.com.br
www.praetorium.com.br

---

2 Saiba mais sobre a *Coleção Passe no Exame da OAB* visitando o site da Editora Impetus. <http://www.impetus.com.br>.

Notícias
www.folhadirigida.com.br
www.prolegis.com.br
www.direitoemdebate.net
www.boletimjuridico.com.br
www.ultimainstancia.uol.com.br

Editoras e Materiais
www.editoraferreira.com.br
www.pciconcursos.com.br
www.cartaforense.com.br
www.direito.com.br
www.correioweb.com.br
www.williamdouglas.com.br
www.professorsabbag.com.br
www.professorcristianosobral.com.br
www.impetus.com.br
www.tudosobreconcursos.com
www.goconqr.com
www.diariojurista.com
www.estrategiaconcursos.com.br
www.examtime.com
www.oabdeprimeira.com.br
www.direitoemaudio.com.br

Obs. 1: O portal www.periodicos.capes.gov.br disponibiliza mais de 185.000 teses gratuitamente, muitas relacionadas ao exame.

Obs. 2: Este livro está em construção. Se você conhece algum programa do governo, particular, alguma ONG, sites etc. de apoio ao estudo, por favor, envie um e-mail para nós a fim de que possamos apontá-los para outros estudantes.

Obs. 3: Procure-nos em nossas redes sociais e sites para dúvidas e sugestões. Jogue com as cartas que lhe vieram à mão.

Obs. 4: Na área de concursos em geral, temos alguns referenciais que são interessantes como os jornais *Folha Dirigida* e *Jornal dos Concursos*, o Simulado Nacional Beneficente (<http://www.simuladonacional.com.br>.) e a Feira da Carreira Pública (promovida pela *Folha*

Dirigida). Já especificamente na área da OAB, temos a revista da OAB nacional e as regionais, além das revistas *Atualidades Jurídicas* e *Direitos Humanos*, que são boas fontes de referência.

Obs. 5: Para quem possui smartphone e tablet existem alguns aplicativos com questões e dicas para OAB. Vale conferir e é uma boa opção para aqueles momentos de deslocamento.

O futuro é um carro sem motorista em alta velocidade.
Você tem que ser o motorista.
Você tem de planejar.
Tem de decidir a direção a tomar.
Quer que as decisões sejam tomadas pelos outros?
Não seja apenas um passageiro.

Milo O. Frank

Capítulo 6

Cérebro

O cérebro é um dos mais importantes instrumentos para se estudar, mas em geral é subaproveitado. Para explorar melhor o seu imenso potencial, precisamos conhecê-lo, saber como funciona, ler seu "manual de instruções".

O cérebro funciona como o mais espetacular dos computadores, com capacidades que até mesmo o melhor filme de ficção científica não poderia explorar. Ele funciona em parte automaticamente e em parte mediante programação. A parte que funciona "no automático" admite reprogramação. E é por falta de comandos corretos que a maior parte das pessoas subutilizam esta máquina.

Quem quer passar na OAB e vencer na vida não pode dar-se ao luxo de desperdiçar as próprias virtudes. Para que o leitor tenha ideia do quanto nosso cérebro é poderoso, uma das mais promissoras linhas de desenvolvimento da informática é aquela que procura construir computadores que funcionem de modo análogo ao nosso cérebro. A neurocomputação é assim chamada porque utiliza redes que simulam o funcionamento de nossa rede neural (de neurônios). Daí surge a inteligência artificial, que é o conjunto de técnicas em que a máquina é programada para resolver problemas da mesma maneira que o cérebro humano.

No momento em que os computadores procuram aprender com o cérebro humano, ainda existem humanos que não aprenderam a usar seu próprio "equipamento de fábrica".

O cérebro é um organismo com cerca de 1,3 a 1,5 quilograma, movido basicamente pela glicose (açúcar). Para você ter ideia da energia utilizada pelo cérebro, ele pesa cerca de 2% do peso total do corpo e utiliza em média de 20 a 25% de toda energia consumida pelo corpo humano.

O cérebro humano possui cerca de 10 bilhões de neurônios, que são as células mais distintas do nosso organismo, apresentando maior complexidade estrutural e funcional do que qualquer outra célula. Eles conduzem o impulso elétrico que é convertido em informação (visual/auditiva etc.)

Capacidade de armazenamento do cérebro. Nosso cérebro pode armazenar o equivalente a pelo menos 11.641 gigabytes, e esse armazenamento não se esgota, uma vez que funciona por associação e não por armazenamento físico, como em um HD normal. Isto quer dizer que seu cérebro não tem problemas de espaço.

O conhecimento é armazenado em redes neurais, cuja estrutura física difere da forma como costumamos estudar. Imagine um engradado de refrigerante, ou um armário cheio de prateleiras milimetricamente iguais. É dessa forma linear e estática que a maioria pensa se constituírem os arquivos cerebrais e por isso estudam linearmente, dificultando o aprendizado. Nosso cérebro está muito mais próximo de uma teia de aranha, de um quebra-cabeça, de raízes e galhos. Todo o armazenamento obedece a estruturas associativas em cadeia. Por isso, a forma eficaz de aprendizado é a dinâmica, tal como é a estrutura cerebral.

A partir de uma série de associações dadas, o cérebro é capaz de, consciente ou inconscientemente, elaborar novas associações. Criatividade é gerar novas associações. Desde que a pessoa não se autolimite, ela será capaz de suscitar ideias e soluções novas a partir dos dados preexistentes. Quanto maior o número de informações disponíveis no cérebro, maior a capacidade de resolver problemas.

Basicamente, o nosso cérebro possui dois hemisférios (esquerdo e direito) que possuem/trabalham com determinada capacidade de captação e retenção destinada a obter o máximo de informações do universo e manter e processar apenas as que forem mais úteis.

1. CAPACIDADE DE RETENÇÃO E SUA QUALIDADE PARA O ESTUDO

O cérebro é capaz de captar uma notável quantidade de sensações. Interessa receber o máximo possível de informações do universo, desde como vai o nosso dedão do pé até se o cometa Halley vai bater na Terra. O olho humano, por exemplo, capta milhares de informações ao mesmo tempo, tanto que boa parte delas é assimilada apenas pelo inconsciente.

O consciente possui um limite para lidar com informações: ele só acompanha, no máximo, de cinco a sete coisas ao mesmo tempo. O que passa disso é jogado fora ou colocado no "automático" (inconsciente). Se não fosse assim, não seria possível ao consciente controlar as atividades da pessoa. A retenção nada mais é do que a seleção que o cérebro faz (ligando e desligando o acesso aos neurônios) a respeito daquilo que, em uma montanha de informações, é o mais importante para o indivíduo. É por isso que ninguém guarda o telefone da pessoa que não interessa: o cérebro não vê utilidade e não retém o dado.

Relação com a concentração. Quanto menor o número de atividades concomitantes, maior será a concentração da pessoa e, paralelamente, a sua capacidade de fixação das informações respectivas. Com o treino será possível trabalhar bem mais de uma atividade (multiprocessamento), mas não é o ideal procurar fazer isso. É aquela velha história de não se tentar assoviar e chupar cana ao mesmo tempo.

Se estudar com seu dente doendo, uma das informações que o consciente irá trabalhar é a dor. Logo, você terá "concorrência" com a matéria do livro. O que o cérebro acha mais importante, a matéria ou a sobrevivência da espécie? A tendência é que a dor dificulte a assimilação de outros dados.

Devemos saber administrar a relação consciente x inconsciente e selecionar de acordo com nossa vontade o que será retido em primeiro lugar.

2. FORMAS DE CAPTAÇÃO E SUA UTILIDADE PARA O ESTUDO

O cérebro possui quatro formas de captação de informações: visual, auditiva, cinestésica[1] e digital relacionadas a cada um dos sentidos. O tato, o olfato e o paladar resultam na capacidade cinestésica (sentir);

---

1 Não confundir "cinestesia" com "sinestesia": Segundo o *Aurélio*, cinestesia significa: "Sentido pelo qual se percebem os movimentos musculares, o peso e a posição dos membros" e sinestesia é "relação subjetiva que se estabelece espontaneamente entre uma percepção e outra que pertença ao domínio de um sentido diferente (ex.: um perfume que evoca uma cor, um som que evoca uma imagem etc.). Ex.: 'Avista-se o grito das araras.'(João Guimarães Rosa, *Ave, Palavra*, p. 91); 'Tem cheiro a luz, a manhã nasce... / Oh sonora audição colorida do aroma!' (Alphonsus de Guimaraens, *Obra Completa*, p. 100)". Assim, o termo cinestesia, com "C", é o que se refere à forma de captação relacionada à percepção corporal (tato, paladar, olfato, músculos). Para mais informações sobre a relação entre sinestesia e cinestesia, acesse: <http://www.novainter.net/blog/voce-tem-sinestesia/>.

a visão resulta na capacidade visual; e a audição, na auditiva; há pessoas que possuem um grande equilíbrio entre o peso das formas de captação: são os digitais ou polivalentes.

Cada pessoa possui uma forma de captação maior ou menor em seus diversos sentidos. Procure se identificar:

Visual. Precisa "ver" a coisa para compreender, captar, aprender. Não basta conversa, não basta raciocinar ou uma boa explicação. Visuais precisam ver para compreender. Você pode perceber a tendência visual na fala da pessoa, pois diz "Viu?", "Veja bem", "Olha só", "Não vejo a hora", "Visualiza isso, cara". Outra forma de perceber a tendência é a gesticulação na frente ou indicando os olhos e a postura mais ereta.

Auditivo. Precisa ouvir, escutar. Responde melhor a um estímulo auditivo do que aos demais. Ao falar, utiliza termos como "Vê se me escuta" e "Isso não me soa bem". Gesticula na altura dos ouvidos ou apontando e tocando os próprios ouvidos ou do interlocutor. Em sua postura pode parecer estar virando o ouvido para ouvir melhor.

Cinestésico. Procura a sensação de sentir, provar, tocar. Fala "Não me cheira bem", "Não me toquei com isso", "Esse cara me marcou", "Sentiu isso, cara?" etc. Precisa sentir, tocar. Sua postura parece indicar a tentativa de cheirar ou provar.

Digital. Essa pessoa é aquela que tem uma captação equilibrada entre os sistemas acima. Sua característica é a de ser introspectivo no sentido de se tocar ou falar sozinho, gostar de pensar "com seus botões" e querer a explicação de tudo.

> **Dica:**
> Dar aulas é um bom sistema de aprendizado, pois força o uso de habilidades relacionadas aos cinco sentidos.

Veja qual a forma para você aprender melhor:

a) se é vendo, atente para a lousa, mentalize-a. Faça muitos esquemas visuais, fluxogramas, anotações em árvore, utilize cores, marcadores fluorescentes etc. Se você estiver em uma situação na qual não pode ver a matéria, lembre-se dela e a mentalize em uma lousa (quadro--negro) mental onde se escreverá a ideia ou se fará um esquema;

b) se é ouvindo, não perca concentração nas aulas. Repita a matéria para si próprio (recitação). Grave a matéria.

c) se é sentindo, procure participar das atividades da aula e criar métodos de estudo que agucem o uso dos sentidos. Toque o caderno ou apostila. "Sinta" o cheiro da matéria, sinta o seu gosto. Estude em lugares perfumados. Relacione assuntos com odores, gosto, e assim por diante. Experimente se estudar manuseando uma bola de borracha ou de metal aumenta ou não seu rendimento. Há pessoas em que isso ocorre por causa da estimulação e outras em que atrapalha porque é mais uma informação para o consciente;

d) você aprenderá melhor se utilizar sistemas que combinem os diversos modos de captação sensorial;

e) o melhor sistema de aprendizado é fazer. Prepare aulas, escreva, fale, faça resumos, exercite, pratique. Quer aprender a falar, ministrar aulas ou qualquer outra coisa? Faça-o.

3. SISTEMA LÍMBICO

O sistema límbico é o responsável pela autoproteção instintiva do indivíduo, pela emoção e pela sexualidade. Nele não se reconhece a linguagem e se trabalha apenas com imagens e emoções. Devemos a um brasileiro, Luiz Machado, a pesquisa e demonstração da importância do sistema límbico para a aprendizagem. É o professor brasileiro que iremos citar para demonstrar a importância do sistema límbico (1991, p. 25-27):

> Nós temos dentro da caixa craniana três cérebros e dois hemisférios. Explicando: na evolução, a natureza dotou o ser humano com três estruturas, identificadas anatomicamente, que chamamos de complexo R (cérebro do réptil), o primeiro; o cérebro paleomamífero (o segundo cérebro) que, em termos de funções, se chama Sistema Límbico; e o terceiro cérebro, o cérebro neomamífero, possibilitador da linguagem conceitual e das operações intelectuais.
>
> Somos induzidos a pensar que a atividade intelectual se processa apenas no nível racional, lógico, através de linguagem escrita ou matemática, através de operações intelectuais. Essa noção vem por terra quando se verifica que o sistema emocional é responsável pela memorização e por fenômenos com profunda repercussão na atividade intelectual (alegria, depressão, amor, paixão, repulsa, indiferença etc.).

Deste momento em diante, se queremos estudar com eficiência, devemos começar a fazê-lo não só com o terceiro cérebro, mas também com o segundo (chamado de sistema límbico), que lida com a emoção e a comunicação através de imagens mentais. Devemos estudar com o cérebro inteiro, pois é preciso estar inteiro em tudo o que fazemos.

É possível fazer a programação do sistema límbico (o 2º cérebro) a fim de aproveitar todo o seu potencial. Se ele é, juntamente com o sistema glandular, responsável pela nossa autopreservação e sobrevivência, é lógico que a partir do momento em que o programarmos corretamente sobre aquilo que nos é necessário, todo o sistema trabalhará a favor disso.

A força do cérebro humano é muito grande, se você programá-lo corretamente.

A programação do 2º cérebro é feita por meio:

a) do amor que você tem pela coisa que quer ou à que se refere. Quanto mais se gosta de algo ou de alguém, mais o sistema límbico se envolve com o assunto e, consequentemente, participa daquela parte de sua vida, auxiliando com seu imenso potencial anímico. Assim, apaixone-se pela matéria;

b) do seu interesse pelo assunto. O seu interesse é reconhecido pelo 2º cérebro como uma forte indicação de que aquilo é importante e, portanto, deve ser aprendido, memorizado, guardado, objeto de atenção etc. Aqui reside a importância da motivação. Diga para si mesmo a importância da matéria;

c) do senso de utilidade do assunto para o bem-estar próprio (busca de prazer ou fuga da dor). Quanto mais se conhece sobre a futura utilização do dado, mais o cérebro quererá memorizá-lo. Se a pessoa não vê ou sente utilidade, o cérebro vai desprezar as informações respectivas. Por esse motivo, inconscientemente, muitos alunos se programam cerebralmente para não prestarem atenção às aulas, o que vira um costume. Se conscientemente mudar de programação, passará a assimilar a aula. Faça isso: lembre-se que a matéria é essencial para seu sucesso.

4. PROGRAMAÇÃO NEUROLINGUÍSTICA

A Programação Neurolinguística (PNL), como qualquer outro conjunto de técnicas de controle da mente, é útil ao interessado em aperfeiçoar-se. Para compreender a ideia básica da PNL, podemos recorrer ao chamado "Seminário de PNL em 3 minutos", de O'Connor e Seymour (1995).

Para obter sucesso na vida é preciso ter em mente três coisas:

1) saber o que quer. Ter uma ideia clara do objetivo desejado em qualquer situação;

2) estar alerta e receptivo para observar o que está conseguindo;

3) ter flexibilidade para continuar mudando até conseguir o que quer.

A PNL trabalha procurando relacionar e organizar nossos comportamentos decorrentes dos cinco sentidos, e do uso da linguagem tanto para se autoprogramar como para estabelecer comunicação com terceiros. Quem tiver interesse em aprofundar-se nesses estudos poderá adquirir material ou realizar cursos sobre tais campos de estudo.

Por força de sua aplicação ao nosso assunto, transcreveremos, a seguir, algumas pressuposições da PNL, elaboradas por Spritzer (1993, p. 163). Estas pressuposições são coincidentes com cuidados no estudo e realização de provas.

- Se você fizer o que sempre fez, terá a resposta que sempre teve.
- A natureza do Universo é mudança.
- Não há erro, só resultado.
- Não há fracasso, só experiência.

4.1. Exemplo de Como Não Ter um "Branco" na Prova

A pessoa tem "branco" porque programa o cérebro de forma incorreta. Ela ou já diz que vai ter um "branco" ou diz que não quer tê-lo, nos dois casos mandando junto a imagem do último branco. Na hora da prova, quando o cérebro obedece à programação e a pessoa tem o "branco" ainda diz: "Viu, eu sabia que ia ter um branco!!" Com isso, cada vez mais programa-se o cérebro para dar "brancos" na hora da prova. Também não adianta dizer que vai lembrar da matéria e imaginar mentalmente o "branco", pois o cérebro, como já dito, obedece mais à imagem do que à palavra. Esse, que é um dos maiores problemas de candidatos, pode deixar de sê-lo com facilidade. Falaremos sobre essa questão posteriormente, no Capítulo sobre como melhorar o desempenho em provas.

Devemos programar nosso cérebro com atitudes e imagens corretas e adequadas. Tal como um filho, nosso cérebro não aprende e repete o que falamos, mas sim o que fazemos e sentimos.

No capítulo 14, falaremos mais sobre técnicas de como lidar com o "branco". Agora, abordaremos resumidamente como evitar o branco sob o aspecto neurológico:

A) emita ordens verbais claras e positivas para seu cérebro;

B) emita ordens com imagens (visão, som, luz, emoção) para seu cérebro;

C) mentalize e visualize aquilo que quer que seja feito ou que aconteça.

Vale dizer, ainda, que o cérebro é o maior e mais inexplorado dos territórios e que ele funciona melhor quando não trabalha sozinho, e sim com o coração. O cérebro[2] é um fantástico serviçal, mas as coisas devem ser feitas e buscadas com o coração. Faça uma programação correta daquilo que você quer, entre com coragem e disposição e tudo irá funcionar melhor.

> "'Eu gostaria'
> nunca fez nada;
> 'Eu tentarei'
> fez grandes coisas;
> 'Eu farei'
> fez milagres."
>
> *Anônimo*

---

[2] Para se aprofundar no tema "Seu Cérebro" veja: *Como Passar em Provas e Concursos* e *Como Usar o Cérebro para Passar em Provas e Concursos*.

Capítulo 7

Memória e Programação do Cérebro

A memória é a função mental de armazenamento de informações e experiências. É a capacidade humana de reter e evocar qualquer forma de conhecimento. Mesmo aparentando ser algo difícil, estudos já concluíram que o cérebro humano é capaz de memorizar tudo o que acontece. Espaço e capacidade existem: falta apenas saber utilizar todo este potencial.

Sabemos que um adulto é capaz de recordar os fatos das últimas semanas e tem dificuldade de recordar fatos distantes no passado, ao passo que pessoas idosas conseguem recordar perfeitamente fatos de sua adolescência e têm dificuldade para lembrar o que aconteceu no dia anterior. Isto demonstra que os dados permanecem dentro do cérebro o que ocorre é a dificuldade de acessá-los, resgatá-los.

O processo da memória decorre de um sistema que trabalha com cinco momentos distintos:

captação + fixação + manutenção + recuperação + transmissão

1. FASES DO PROCESSO DE MEMORIZAÇÃO

Como dissemos, a memorização bem-sucedida passa por cinco estágios. A seguir, comentaremos as características e melhor forma de otimizar cada uma delas. Acompanhe:

ESTÁGIOS	CARACTERÍSTICAS	COMO OTIMIZAR O RENDIMENTO
CAPTAÇÃO	A pessoa recebe informações através de seus cinco sentidos: visão, audição, olfato, tato e paladar. Para a maioria das pessoas, a visão tem certa preponderância, mas isto é determinado pelo desenvolvimento cerebral.	Aumentar a captação é, principalmente, cuidar da saúde (cinco sentidos) e ter acuidade. Prestar atenção ao que está fazendo e ao que está acontecendo é a chave para uma boa captação.
FIXAÇÃO	A fixação dependerá do tipo de memória utilizada (de curto ou longo prazo) e da qualidade do armazenamento. A fixação é feita nos neurônios, em especial nos dendritos. A fixação corresponde ao "marcar" a informação recebida no cérebro.	O cérebro irá realizar uma seleção de tudo o que estiver acontecendo e fixará o que lhe parecer ou for determinado ser o mais importante. Aqui é essencial o interesse, amor e vontade da pessoa pelo assunto ou informação. Fazer coneções entre as informações é importante para a fixação. O armazenamento depende de boa alimentação, oxigenação, boa captação e estímulo suficiente.
MANUTENÇÃO	Depois de se "marcar" a informação em um número "x" de neurônios, será a hora de assegurar que esse registro não se perca nos pelo menos 10 bilhões de neurônios ativos. A manutenção é a perenização do registro (p.ex.: não sendo feita outra "gravação" sobre ele). O cérebro raramente mantém guardada informação considerada inútil, mesmo que inconscientemente.	Para manter uma informação no cérebro é preciso indicar a sua utilidade. O cérebro não tem o vício humano de "guardar" o que não será usado. Para a informação não se perder ou apagar é preciso que ela seja bem fixada. A boa fixação é aquela feita com a utilização das técnicas, especialmente a de associação das informações na rede neural.
RECUPERAÇÃO	Recuperar significa localizar e resgatar a informação guardada e mantida no cérebro. Quem leva duas horas para se lembrar de algo que precisa com urgência é uma pessoa que soube guardar e manter, mas que não sabe recuperar a informação que já está no cérebro. O "branco" na prova, por exemplo, é um problema de recuperação da informação.	Para recuperar é preciso saber métodos para "armazenar" a informação de modo adequado. É como se deixássemos nossas "gavetas" ou "arquivos" cerebrais bem arrumados. Mais uma vez precisaremos utilizar a associação, a etiquetação, processos mnemônicos etc. A associação é essencial uma vez que ancora um tema em outros de retorno mais imediato. A principal técnica aqui é a prática, o treino, a execução.

TRANSMISSÃO	É a capacidade humana de repassar para terceiros (de forma escrita ou oral) o conteúdo memorizado, a informação que foi guardada e recuperada.	Aprenda a redigir e a falar com fluência. Aprenda a utilizar a linguagem humana, inclusive a não verbal. Treine redação e faça muitas questões e simulados. Treinar em frente ao espelho e aproveitar as oportunidades que surgirem para falar em público pode ajudar.

Talvez você esteja achando tudo isso complicado, mas não é. Entendendo o processo da memória e com concentração, atenção, interesse e vontade, ela funcionará cada vez melhor.

2. A IMPORTÂNCIA DA CAPACIDADE DE COMUNICAÇÃO

Já dissemos que é necessário bom preparo para se comunicar, por escrito e verbalmente. Uma coisa é deter o conhecimento da matéria, outra – bem diferente – é saber transportar esse conhecimento para o papel ou para o discurso. Um surdo-mudo que tenha assistido a um fato poderá lembrar-se dele perfeitamente e mesmo assim não lograr êxito em atuar como testemunha salvo se conseguir articular o que testemunhou por escrito ou por um bom intérprete.

Imagine o caso de dois candidatos. "A", que estudou muito, aprendeu e memorizou tudo, mas não sabe redigir e nem falar bem; e "B", que não estudou tanto e sabe apenas medianamente a matéria. "B", contudo, tem prática de redação e domina as técnicas básicas da oratória e já treinou a apresentação anteriormente. Por saber comunicar-se melhor, a tendência é que a nota de "B" seja superior à de "A", mesmo sem dominar totalmente a matéria.

Treine sua capacidade de transmissão de ideias. Não adianta ter uma Usina de Itaipu de conhecimentos, e um fio de meio milímetro para transmitir todo esse conteúdo. Você já teve um professor que sabia muito a matéria, mas não sabia dar aulas? Saber a matéria, saber memorizar e não saber transmitir é nadar, nadar e morrer na praia. Você precisa de todos. Se quer passar em concursos, deve estudar a matéria e treinar a transmissão do que aprendeu. Para isso, faça exercícios, questões, simulados. Depois, faça a correção e, se possível, ensine a alguém, dê aulas mesmo que seja para si mesmo. Grave e transmita.

3. COMO MELHORAR A MEMÓRIA

Você já estudou como um louco para uma prova e um dia depois de fazê-la não se lembrava de mais nada? Ou, no meio da prova, já havia se esquecido de alguns detalhes?

O motivo do "sim" é porque usou a memória de curto prazo (ou de curto ciclo). Essa modalidade de memória é a que se usa para decorar um número de telefone, por exemplo. Como o cérebro faz um ciclo curto, a tendência é a rápida perda da informação ou da capacidade de recordação.

A memória de longo prazo, ao contrário, é aquela que permite satisfatório armazenamento e recuperação da informação. Veja que as duas são importantes e necessárias. Imagine se você lembrasse de todos os números de telefone que já discou na vida: 95% deles não são mais úteis, alguns nem existem mais. Assim, o cérebro está preparado para ser eficiente. Só falta saber programá-lo dizendo o que é e o que não é importante.

Você esquece quando as informações possuem pouca mobilização afetiva (motivação) e/ou quando são mais ou menos desestruturadas (não são esquematizadas, não possuem lógica ou não são revistas periodicamente). E isso ocorre não só com informações textuais, mas com atitudes ou técnicas, como manusear um determinado equipamento.

3.1. Como Guardar uma Informação por um Longo Prazo

A utilização de uma ou outra forma de memória, por incrível que pareça, depende exclusivamente de nossa vontade.

Quando a informação entra no cérebro, ele classifica a "mercadoria", enviando-a para uma ou outra "caixa" ou "gaveta". Se nada fizermos, o cérebro irá usar uma ou outra memória aleatória e emocionalmente, o que resultará em apenas algumas informações armazenadas. No registro emocional acontece o seguinte: se é algo de que você não gosta ou a que não dá importância, seu cérebro registrará a informação como descartável e não a guardará. Se você acha o assunto importante, como o telefone daquela pessoa interessante, seu cérebro vai mandar o assunto para a memória de ciclo longo.

Portanto, ao invés de deixar a escolha para seu cérebro, decida conscientemente o mais rápido possível o que você pretende lembrar no futuro. Sempre que estiver estudando, programe sua memória dizendo para si próprio e para seu cérebro que aquele assunto é importante e que você pretende aprendê-lo para o resto da vida.

Outro cuidado é dar melhores condições para o cérebro fazer seu trabalho, como, por exemplo, estudar com atenção, fazer a leitura de modo adequado e em um ambiente propício, estudar fazendo associações e relações, fazer resumos e revê-los periodicamente, contribuindo para enfrentar o efeito da curva do esquecimento.

4. TÉCNICAS DE MEMORIZAÇÃO

Existem, basicamente cinco métodos principais para memorização que falaremos rapidamente a seguir:

- estabelecer relações e associações;
- identificar a aplicação;
- execução;
- processos mnemônicos;
- etiquetação mental.

4.1. Estabelecer Relações e Associações

Não há nada melhor para a memorização do que estabelecer relações e associações entre as diferentes informações que deseja memorizar. Relacione tudo o que você aprender com conhecimentos já consolidados em sua mente e a matéria entre si.

Uma das formas para memorizar é, ao invés de fazer uma lista linha a linha, fazer uma teia ou árvore ligando as informações, situando as mais importantes no centro e partindo delas para as bordas. Como abordar diferentes aspectos de um mesmo conceito: essa é a base da técnica de Mapas Mentais, sobre a qual falaremos adiante.

As pessoas normalmente gostam de esquemas, quadros sinóticos e fluxogramas porque "é mais fácil aprender". Na verdade, gostam mais porque além de serem formas com maior apelo visual, tais meios de apresentação estão mais próximos do modo como o cérebro armazena informações. Por isso se aprende mais.

Sobre esse sistema já discorreu o Professor Ricardo Soares[1], nos seguintes termos: "A motivação contribuirá para a recordação. O que desejamos memorizar vai depender também de atitudes básicas para um resultado eficiente: concentração, atenção e observação".

Seguem abaixo algumas dicas práticas para facilitar o seu trabalho:

- exercite sua memória fornecendo novas associações e criando ligações do conhecimento novo com o que já está perenizado na memória;
- elabore as imagens mentais cuidadosamente para facilitar a evocação;
- realize as anotações após a memorização para que não interfiram no processo;
- visualize as aplicações práticas das técnicas apresentadas relacionando-as com seu dia a dia;
- esclareça suas dúvidas de imediato. Questione, discuta, participe!

4.2. Identificar a Aplicação

Sempre que for estudar, diga a si mesmo qual é a utilidade daquilo que vai aprender. Se seu cérebro sabe que vai usar alguma informação, ele a guarda melhor. Diga para si mesmo onde e quando pretende usar aqueles conhecimentos.

Quando o professor diz que tal matéria vai cair na prova e você faz um asterisco ou coisa parecida naquele ponto, você o memoriza, não? O que acontece nesse caso é que seu cérebro é informado de que aquele item será usado no futuro. É por isso que o item é memorizado. O que você tem de fazer é colocar este asterisco mesmo nas coisas que não são lidas. Destacar a importância em sua mente.

4.3. Execução e Utilização

A melhor forma de nunca mais esquecer uma coisa é praticá-la. Ande de bicicleta um minuto e isto valerá mais do que dois anos estudando a teoria sobre "Como andar de bicicleta". Elabore um resumo e dificilmente esquecerá a sua forma de elaboração e o assunto. Isso acontece porque

---

1 Para saber mais sobre o tema, confira a obra do professor Ricardo Soares *Leitura Dinâmica e Memorização*.

o fato de fazer, realizar, praticar exige processamento mental mais elaborado e, consequentemente, um maior número de relações, além de uma aplicação efetiva, e não simplesmente teórica e abstrata.

Utilize isso! De agora em diante, procure executar no mundo real o conhecimento adquirido, faça provas, faça simulados. Quando não tiver nenhuma outra ideia, ao menos faça um resumo ou uma redação sobre o tema objeto de seu estudo, pratique-o, associe a teoria à prática.

4.4. Processos Mnemônicos

Um excelente sistema para memorizar dados importantes é o uso de processos mnemônicos. Antes de explicar como usá-los, diga-se que o ideal é memorizar o essencial (o esquema, a árvore, a estrutura) e, a partir daí, fazer uso do raciocínio. Memorizar, sem compreender, deixa o conteúdo frágil.

Este processo funciona com a formulação de frases, palavras ou relações com as letras do dado a ser memorizado. Veja os exemplos a seguir:

"Não mexe" é o processo através do qual decoramos a fórmula $N = m. x$, em química.

"Cablomoamefecar-desabexa-texa21-Eneja-prali-trancar-ó-fededipe" foi a musiquinha criada por William Douglas no quartel, contendo todas as peças da metralhadora ponto 50. Na época serviu para lhe garantir um grau máximo que o manteve como o primeiro colocado da Arma de Infantaria.

COMFIFORMOB significa os elementos do ato administrativo: COMpetência, FInalidade, FORma, MOtivo e OBjeto.

NONEP significa atos administrativos Normativos, Ordinatórios, Negociais, Enunciativos e Punitivos.

Ex tunc é o que volta para trás (efeito retroativo) e *ex nunc* é o que nunca volta (sem efeito retroativo).

O uso de relações combinadas com processos mnemônicos é útil. Se o número do celular de um amigo é 99789-4789. É fácil memorizar utilizando a seguinte associação: (99) 789 + 4 (que é o 4ª número) + 789 de novo. Procure sempre alguma relação entre os números ou entre eles e sua vida ou a da pessoa.

4.5. Etiquetação Mental

A etiquetação é uma das técnicas para associar dados a fim de recuperá-los mais facilmente. A memória "arquiva" as informações de modo um tanto quanto semelhante aos nossos arquivos de metal ou nosso computador pessoal. Imagine a memória como um colossal arquivo com inúmeras "pastas" e "gavetas".

Se jogarmos as informações no nosso cérebro de qualquer maneira, nossos "arquivos" se constituirão em uma grande bagunça. Na hora de o cérebro recuperar uma informação, ou não vai conseguir ou vai levar mais tempo do que dispomos.

Isto já deve ter acontecido com você: queria lembrar-se de alguma coisa (nome de uma pessoa, um filme, a matéria que estudou) e não conseguiu. Algumas horas depois a informação veio direto para seu consciente totalmente fora do contexto. O que acontece nesses casos é que você manda uma ordem para seu cérebro e ele vai atender. Mesmo depois de você desistir, o seu cérebro fica lá, como um bom empregado, trabalhando freneticamente para lhe dar a resposta. O problema é que muitas vezes se deixa a informação tão solta, tão mal arquivada, que é preciso algum tempo para o cérebro achá-la no meio de bilhões de neurônios.

Uma das soluções para esse problema não é "esquecer para lembrar mais rápido", é treinar o seu cérebro a trabalhar mais rápido na busca de informações.

Outro recurso que você pode usar é o que eu chamo de "etiquetação mental". Tudo o que você quiser recuperar no futuro deve ser "arquivado" em "pastas", por assuntos mais ou menos inter-relacionados. Mentalize e/ou repita para si mesmo qual é o assunto de que trata a informação que você está enviando para dentro de sua memória. Reproduza mentalmente a capa do livro, a importância do assunto, relações, tudo o que puder servir para que a matéria "entre" no cérebro bem endereçada.

Voltando ao exemplo do número de telefone, você pode reproduzir mentalmente o desenho que o número faz no teclado para memorizá-lo com mais eficiência.

Com o tempo, você verá que será mais fácil recuperar os dados. Ao estudar, tenha sempre o cuidado de fixar bem o tema tratado, o título do livro, o título do capítulo etc. Ao iniciar um novo capítulo, refaça o trabalho de repetir tudo, inclusive passando pelo índice ou esquema. Isso funciona para facilitar a montagem do "quebra-cabeças" e ajuda a organizar os dados da memória. Após treinar o suficiente, para fazer a "etiquetação", bastará a concentração e fixar o(s) título(s) por alguns segundos.

5. TÉCNICAS DE ESTUDO FAVORÁVEIS À MEMORIZAÇÃO

Dentre as várias técnicas de estudo, algumas facilitam a memorização. Observe que a memorização não deve ser um objetivo em si mesma, mas uma consequência do aprendizado sólido.

5.1. Leitura e Releitura

Faça uma pré-leitura (índice, tópicos e ideias principais), leia o texto com calma e depois o releia, buscando dar maior atenção aos pontos mais relevantes. A leitura atenta é um bom caminho para a memorização.

5.2. Marcações

Não se prive de sublinhar, marcar, anotar dúvidas, realçar ideias principais. Há quem utilize até canetas coloridas (marca textos). Óbvio, quando não se tratar de livro de uma biblioteca ou emprestado por algum amigo, nesses casos utilize um marcador transparente ou setas que vêm em fitas/blocos e são vendidos em papelarias. As marcações facilitam a memória e a fixação. Mas não marque tudo, isso desvia a atenção, e marque apenas na segunda leitura.

5.3. Recitação

Consiste em repetir a matéria, o texto ou seu resumo após a leitura. Também são válidos o "dar aula" para si próprio e o fazer perguntas a si próprio em voz alta. O que não souber explicar ou responder, deve ser objeto de revisão. Pode ser um excelente momento para gravar a matéria que pode ser ouvida ao dirigir ou durante sua atividade física.

Importante não confundir a recitação com a subvocalização, que é um vício de leitura muito comum e que prejudica o ritmo da leitura. A recitação deve ser consciente e utilizada como técnica de estudo, após a leitura.[2]

---

[2] Para mais informações sobre subvocalização e outros vícios de leitura confira a obra específica *Leitura Dinâmica e Memorização*, de William Douglas e Ricardo Soares. O tema *leitura dinâmica* também é tratado em capítulos específicos na obra clássica *Como Passar em Provas e Concursos* e em seu *Resumo*. Não deixe de conferir também os materiais complementares sobre o tema disponíveis gratuitamente no site: <http://www.williamdouglas.com.br>.

5.4. Resumos ou Esquemas

Tome apontamentos, em fichas ou no computador. Após estudar um livro, reveja os tópicos principais utilizando as fichas. Dê aula para alguém usando as fichas e, se precisar, recorra ao livro. Peça a um amigo para ouvir você explicar e tentar repetir o conteúdo da ficha ou, ao menos, explique o tema após seu amigo ler cada tópico. Se cada colega de estudo resumir um livro, o encontro de revisão será proveitoso.

5.5. Gráficos e Árvores

Servem para fazer recordação a médio e longo prazos. O gráfico pode ser mais simples, como um memento, ou mais elaborado, em forma de árvore. Também podem ser utilizadas figuras e fluxogramas, desde que sejam inseridas as informações básicas para que se faça a recordação no momento da revisão. Alguns chamam o gráfico em árvore de sintegrama analítico.

5.6. Questionários e Debates

Um grupo de amigos também pode dividir a tarefa de preparar questionários. O colega 1 lê o livro A e prepara um questionário sobre o livro B; o colega 2 lê o livro B e prepara um questionário sobre o livro A. Ambos preparam uma aula sobre o livro que leram. Na reunião, após as duas aulas, passam para os questionários. Este sistema pode ser usado com dois ou mais colegas e servir tanto para aprofundar em uma mesma matéria ou cada colega pode ficar com a "aula" de uma disciplina. Os debates, **estimulados pelos questionários e problemas propostos, constituem excelente instrumento de aprendizado.**

Um sistema mais simples é o colega 1 ler, preparar a aula e fazer o questionário do livro A. Aí ele ministra a aula e entrega o questionário para o colega 2. O colega 2 terá feito o mesmo com o livro B.

5.7. Atividade Física e Memorização

Quando a pessoa realiza alguma atividade física relacionada ao estudo (lecionar, fazer resumo, copiar, repetir em voz alta), ela necessariamente utilizará um maior número de funções cerebrais, ativando uma quantidade maior de neurônios. Isso facilita a memorização. Mesmo que a atividade física não seja diretamente ligada à matéria, ela pode ajudar evitando a perda de concentração. Correr ouvindo a matéria é uma maneira de fazer exercícios físicos e, com isso, cuidar da saúde e aprender.

6. REVISÕES E A CURVA DO ESQUECIMENTO

A partir do aprendizado e enquanto a fixação não chega a um nível mínimo, o passar do tempo resulta em perda dos dados gravados na memória. Imagine o que acontece com anotações tênues a lápis ou com as folhas termicamente gravadas na qual são impressos extratos bancários e comprovantes de pagamento em caixa eletrônico. O tempo vai deixando os registros mais claros, mais claros até se perderem.

Um bom registro de memória, que em regra envolve a prática, funciona como escrever um dado de modo firme e com caneta esferográfica: torna-se indelével, ou seja, não apaga mais. Isso não é difícil desde que se saiba fazer. Assim como se diz que "andar de bicicleta a gente nunca esquece", um estudo bem-feito e com um número de repetições e prática suficientes resulta em conhecimento que a gente nunca mais esquece ou, quando muito, basta fazer uma revisão que vem tudo à cabeça.

Para não esquecer nunca mais alguma coisa, é preciso dar importância a ela, mandá-la para a memória de longo prazo, fazer associações e relações, repeti-la certo número de vezes até fixá-la bem e, por fim, utilizar a informação periodicamente. Pode parecer que é muita coisa para se conseguir o objetivo, mas é fácil e com um pouco de prática você irá acostumar-se a fazer esse processo de modo bem-sucedido.

A melhor forma de lidar com a curva do esquecimento é estudar utilizando as técnicas e fazer revisões periódicas da matéria. Tente rever a matéria, pelo menos, uma vez por mês.

Quando a matéria é muito extensa, com várias disciplinas ou coisa assim, a solução é fazer bons resumos analíticos, ou seja, que permitam uma boa revisão nos pontos essenciais (o que inclui os princípios gerais, os pontos cruciais, as exceções mais importantes e, se possível, exemplos e/ou modelos).

Fazer revisões semanais ou mensais até passar no concurso pode parecer que vai dar mais trabalho, e vai mesmo. Mas é melhor ter mais 20% de trabalho e mais 95% de rendimento do que "economizar" tempo de revisão e perder aprendizado.

O que você diria de quem adiciona um pouco de água junto à gasolina do carro "para economizar uns trocados"? Quer fazer, faça bem-feito. Procure periodicamente utilizar a informação a ser perenizada, fazendo uma revisão e em seguida uma redação. Não economize qualidade no estudo porque quem faz malfeito faz duas vezes.

> **Dica:**
>
> Fazer simulados nos cursinhos ou através de provas anteriores do certame desejado funciona como uma forma de revisão e terá ainda mais resultado se conferir os gabaritos e rever os pontos que ainda não acertou. O mesmo acontece com as provas, que servem de termômetro para os pontos em que você tem mais dificuldade.

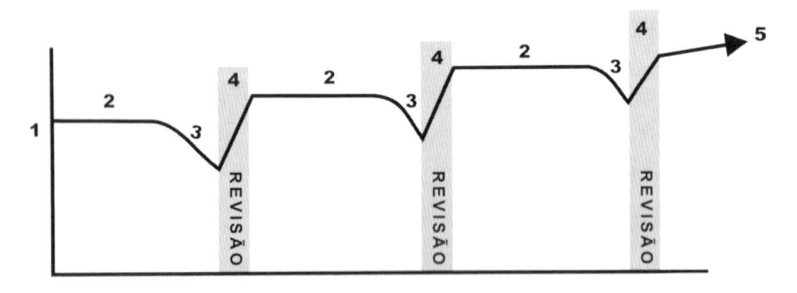

1) 1º estudo da matéria. Aqui se considera que a pessoa aprendeu razoavelmente.
2) Período em que a matéria permanece viva na memória.
3) Período em que, em face do tempo decorrido, a pessoa começa a esquecer o que estudou.
4) Revisão periódica da matéria.
5) Momento em que, após determinado número de revisões, a pessoa não esquece mais a matéria.

Observações:
   a) A cada revisão, a matéria fica mais tempo guardada na memória, tornando-se menor a perda/esquecimento.
   b) A cada revisão aumenta o nível de compreensão e domínio da matéria.
   c) Quanto mais a pessoa executa (pratica, exercita) a matéria, mais rápida é a fixação e memorização indelével.

> "Estudar e não rever não é estudar para valer.
> Estudar e rever é estudar para vencer."

Resumindo, a memória é um poderoso instrumento de trabalho desde que bem utilizada. O uso constante das técnicas irá comprovar que elas se aperfeiçoam tanto quanto são utilizadas. Não desanime nas primeiras tentativas, pois é natural alguma dificuldade inicial. Curta o aprendizado de como usar a memória como se fosse uma brincadeira, um desafio, um jogo proveitoso e instigante. Considere-se um privilegiado por ter um cérebro e uma memória tão espetaculares, que só dependem de ativação e uso racional.

Sempre haverá outra chance
para sanar os seus erros, inclusive os sérios.
Fracasso não é cair,
mas ficar embaixo.

Mary Piekford

Capítulo 8

Ambientes de Estudo, Saúde e Alimentação

Você possui dois ambientes de estudo: o interno e o externo.

O ambiente interno é você mesmo, sua mente, seu corpo. Ele é o primeiro ambiente e você passará toda a sua vida nele. Essa é a razão por que este ambiente deve ser objeto de muito carinho, atenção e cuidado, claro.

Como estão sua cabeça, seus objetivos, sonhos, atitudes? Como vai a alimentação, ela é regrada e sadia? Como vai o seu corpo, está um "bagaço" ou está legal? Não adianta ter uma linda, silenciosa e confortável biblioteca para estudar se seu corpo está ruim. Se o ambiente interno está bom, o ambiente externo terá menos influência.

O ambiente interno é tão importante que identificamos "alimentação" no título do capítulo, referindo-nos **não apenas à comida, mas a todo um conjunto de hábitos e cuidados com os quais você vai "alimentar" sua mente e corpo.**

Temos de alimentar nosso organismo com comida, água, exercícios, oxigênio, autorrespeito. Também devemos manter o ambiente interno concentrado, isto é, com a atenção dirigida àquilo que queremos assimilar.

O ambiente externo refere-se ao local de estudo e às suas condições ideais.

No trato do ambiente externo iremos procurar o silêncio ou a música mais adequada, a posição correta para se estudar, o controle de acontecimentos que atrapalham ou auxiliam a concentração (telefone, visitas, intervalos). A seguir, falarei sobre alguns itens imprescindíveis para tornar os ambientes de estudos interno e externo ainda melhores.

1. CONCENTRAÇÃO

A concentração e a atenção no estudo constituem a chave para o aprendizado e a solidificação dos conhecimentos. Para obtê-las, alguns conselhos são fundamentais, atente para alguns deles que seguirão. Mas não é só. Para ter concentração é preciso outros cuidados, como boa administração do tempo.

> **Dica**
> Nunca estude com pressa nem pensando em fazer outra coisa.

2. TELEFONES, PASSEIOS E VISITAS

Para criar um bom ambiente de estudo, às vezes é útil desligar o telefone convencional e/ou celular, fechar as portas e janelas e pedir o auxílio dos familiares. Às vezes um "Não perturbe" ou um "Por favor, piedade" são úteis na porta do local de estudo. Também deve ser observado certo cronograma de visitas e passeios para fora de casa ou de parentes e amigos à sua. Visitas dos outros ou aos outros, ou passeios inesperados, em geral dificultam um programa sério de estudo.

Algumas pessoas vão achá-lo antissocial. Outros vão se afastar. Infelizmente, se esse é o preço que você terá de pagar para ser aprovado, tenha certeza de que após sua aprovação e ter dado início à sua carreira terá oportunidade para sair, passear, se divertir e ver amigos.

3. ATIVIDADE FÍSICA

Reserve algum tempo para exercícios físicos. Eles aumentam a disposição e predispõem o organismo e o cérebro para o aprendizado. A atividade física regrada e contínua também diminui a necessidade de sono, reduz aquelas dores nas costas, além de aumentar a resistência para a atividade de estudar, que também exige preparo físico.

Fazer exercícios vale a pena. Uma hora de exercícios três vezes por semana é o suficiente. Menos é péssimo; mais pode ser tempo mal investido.

O exercício físico oxigena o cérebro e o corpo e combate males que prejudicam o funcionamento do organismo, tais como a obesidade e pressão alta. Além disso, o exercício físico libera no cérebro um neurotransmissor que funciona como antidepressivo e relaxante natural, a beta-endorfina. O sedentarismo, ou seja, a falta de exercícios físicos é um péssimo parceiro para quem está estudando.

Um dos melhores exercícios físicos é a caminhada. Entre as suas vantagens estão o fato de ser bastante segura e evitar riscos de lesões, poder ser praticada por obesos, diabéticos, cardíacos e idosos, dispensar equipamentos e poder ser feita só ou em grupos. O uso de um MP3 player ou seu celular permite que faça o exercício e estude ao mesmo tempo gravando a matéria, aulas ou conteúdo áudio descrito. Os cuidados são o uso de roupas leves e arejadas e de um calçado adequado. O tempo de caminhada deve ser de pelo menos 30 minutos e o passo deve ser um pouco rápido. O ideal é caminhar pelo menos uma hora por dia, três vezes por semana, fazendo alongamento após a caminhada. Passe a utilizar as escadas para descer dois andares ou subir um. Ande mais a pé.[1]

Ainda melhor do que caminhar ouvindo a matéria é fazê-lo em companhia de seu cônjuge, pai, filho ou outra pessoa próxima. Além de os dois melhorarem o condicionamento físico, é uma excelente oportunidade para colocar a conversa em dia e aumentar a intimidade sem usar um horário voltado ao estudo para isso.

Sempre faça uma consulta médica antes de iniciar um programa de exercícios e, regularmente, um *check-up*. A orientação de um professor de educação física (da academia perto da sua casa, por exemplo) é uma boa ideia.

Faça exercícios respeitando seu corpo e seus limites, evitando estiramentos ou contusões, que não ajudarão em nada. Por outro lado, quando estiver querendo parar por preguiça, falta de disposição, ou por lhe apertar a sede ou o cansaço, defina se é seu corpo que manda em você ou se você manda no seu corpo.

O ganho que o exercício traz para você vale três vezes o tempo gasto no exercício.

---

1 Uma boa dica é adquirir um monitor cardíaco ou um desses novos relógios que dizem quantos passos deu, medem batimentos, dizem quando é hora de fazer pausas etc.

> Se você não tomar conta do seu corpo,
> onde você vai viver?
>
> *Peggy Ayala*

4. SAÚDE E SONO

Verifique sua saúde. Problemas com cáries, audição e visão são fatores que prejudicam os estudantes e candidatos. Não perca rendimento por causa deles. Não dê espaço para vaidades tolas, como aquelas que impedem o uso de um aparelho de audição ou um belo par de óculos/lentes de contato.

Acompanhe o seu estado geral de saúde. Não adianta fingir que não há algum problema mais sério. É mais fácil atacá-lo de vez do que ser por ele surpreendido de uma hora para outra, às vezes na véspera da prova.

Como dissemos acima, faça exames periódicos da vista e do estado geral de saúde, principalmente pressão arterial, colesterol e glicose.

Existem pessoas que preferem continuar a beber, fumar, ingerir alimentos que prejudicam sua saúde, ao invés de manter uma vida mais saudável. Parece-me que é melhor diminuir um pouco o prazer e aumentar o tempo e a qualidade de vida. No caso dos alimentos, você até pode ingerir gordura, doces, mas desde que em quantidades moderadas e mantendo um programa de exercícios físicos. Uma boa dieta e exercícios, devidamente acompanhados por profissionais habilitados, permitirão uma vida melhor e mais longa, o que compensa sobejamente na relação custo/benefício.

Além dos efeitos maléficos do fumo e do álcool, ainda existem aqueles que prejudicam sua capacidade física e, principalmente, mental, com o uso de drogas como a cocaína, crack, maconha e anfetaminas. Em termos de prejuízos para o cérebro, não existem as chamadas "drogas leves". Deixar-se levar pela pressão da moda ou das más companhias e consumir drogas é extremamente prejudicial ao desempenho e ao aprendizado. Em seu próprio benefício, o ideal é que a pessoa não ingira, fume ou cheire, o que, na prática, não passa de veneno. Tampouco existem "drogas" que aumentam sua capacidade de aprendizado. Isso vem com a prática. Qualquer medicamento só deve ser utilizado quando recomendado e prescrito por um médico, do contrário pode ser extremamente prejudicial não só ao seu estudo, mas à sua vida. Existem vários grupos e instituições que ajudam as pessoas que querem livrar-se de vícios. Se precisar, recorra a algum deles sem medo ou vergonha. Pedir ajuda para melhorar não deve ser motivo de constrangimento.

Experimente também exercícios de alongamento, que são ótimos nos intervalos, seja no estudo, seja no meio das provas. Os intervalos são muito úteis.

Como já dissemos antes, dormir é uma necessidade fisiológica, não há como não fazê-lo. Mais que isso, ao dormir você se recupera física e mentalmente e a memorização é sedimentada. Por isso, é preciso dormir um mínimo de horas, que varia de pessoa para pessoa. O sono regular o ajuda a se equilibrar e a aumentar seu rendimento.

Para dormir bem, esqueça dos problemas ao ir para a cama. O melhor para enfrentar os "leões" é estar descansado. Faça exercícios físicos, organize seus horários e crie um equilíbrio razoável entre estudo/trabalho e lazer.

5. ALIMENTAÇÃO

Experimente adquirir um BMW, um Audi ou uma Mercedes e não pôr neles combustível ou, ao invés disso, colocar refrigerante no tanque. Isso é o que muitos fazem com o próprio organismo, negando-lhe uma alimentação adequada. A alimentação balanceada é indispensável para fornecer ao corpo e ao cérebro as substâncias que eles precisam para fazer a "máquina" funcionar.

Como falamos anteriormente, uma das tentações do candidato é utilizar medicamentos para aumentar a memória, eliminar o estresse etc. Com a natureza não se brinca: excesso de vitaminas é tão ruim quanto a falta delas e não se pode ficar dependente física ou psiquicamente de medicamentos, muitos dos quais têm contraindicações e efeitos colaterais.

> **IMPORTANTE**
>
> a) Medicamentos, principalmente alopáticos, só devem ser tomados mediante acompanhamento médico.
>
> b) Mantenha seu fornecimento de nutrientes através de alimentos naturais e combata o estresse com atividade física.
>
> c) Para fazer uma dieta balanceada ou qualquer complementação vitamínica, consulte um especialista.

Massas são necessárias, pois fornecem carboidratos, mas não use isso como desculpa para "arrebentar" com sua dieta. O essencial é o equilíbrio e não eliminar grupos alimentares ou se limitar a algum deles.

Ovos. Cuidado com o colesterol. Evite consumo exagerado.

Dietas. Se você está fazendo uma dieta que elimina completamente algum dos grupos de alimentos, mude de dieta. Eventual consumo de alimentos ricos em calorias deverá ser compensado com exercícios físicos. A combinação fará muito bem. Consulte um nutricionista antes de realizar qualquer dieta radical. Via de regra, evite qualquer excesso, principalmente o de comidas muito gordurosas e frituras.

Água. A água é indispensável para o bom funcionamento do organismo e para evitar diversos males à saúde. Também é ótima para quem quer emagrecer. Beba pelo menos dois litros de água por dia. Controle se a quantidade de água está sendo boa através da cor da sua urina: o ideal é um amarelo bem claro, se estiver escura, precisa ingerir mais água. Em caso de extremos (urina totalmente translúcida, por exemplo) ou colocações diferentes (avermelhada, por exemplo) consulte um médico para investigar o que pode ser a causa. Programe seu despertador para lembrá-lo de tomar água.

Quantidade de comida. Evite aquelas refeições enormes que dão a sensação de que a barriga vai explodir, sono, azia. Faça refeições menores em quantidade, maiores em qualidade e mais frequentes. O ideal é se alimentar de três em três horas, sendo, nos intervalos, ingerida uma fruta ou algum cereal de baixa caloria. Não se abarrote de comida, afinal, você não vive para comer, mas come para viver.

Estudo após as refeições. Existem pessoas que não se sentem bem ao estudar após as refeições. Se for esse o seu caso, utilize esse período (cerca de 30 minutos) para outras tarefas, entre as quais a atenção aos familiares, assistir noticiário na TV, ler algo mais leve. No mais das vezes o "passar mal" é apenas falta de costume. Tente ver se é o seu caso. Algumas pessoas gostam de dormir após o almoço, o que pode tornar o dia um pouco menos produtivo, pois você acaba ficando mais cansado. Evite a soneca, faça uma caminhada leve para despertar.

6. DIFICULDADES "GEOGRÁFICAS"

Morar longe é uma dificuldade de muitos. Se não for possível alugar ou acertar uma moradia ou trabalho mais perto, aprenda a estudar durante a locomoção, através de resumos, gravações, recordação mental e até mesmo leitura. Andar de ônibus pode ser melhor para quem está se preparando para uma prova do que dirigir.

7. SILÊNCIO

Quanto mais tranquilo o local destinado ao estudo, melhor. Pode ser sua casa, escritório ou até uma biblioteca. Quanto menor o número de pessoas, melhor (principalmente se elas forem atraentes...). Um local com muitos atrativos, bate-papo, efervescência social, em geral, não se prestará para o estudo.

Se você convive com muito barulho em casa: a) tente conversar com os familiares sobre o problema; b) mude o horário de estudo, estude de madrugada, se preciso; c) treine sua concentração para aprender a estudar mesmo com barulho; d) tampe os ouvidos ou ouça música clássica/ambiente para abafar o som externo; ou e) em último caso, passe a estudar em uma biblioteca pública, de alguma instituição ou de seu curso, colégio ou faculdade. Dê um jeito. O importante é que não deixe o silêncio, ou a falta dele, prejudicar seu estudo.

8. LOCAL DE ESTUDO

Locais muito confortáveis (camas, sofás) são um convite a outros prazeres que não o estudo.

Providencie uma mesa com cadeira ergonômica, boa iluminação e espaço suficiente para os livros que você for utilizar.

Sendo possível, é bom haver um quadro para anotações ou para se dar aulas imaginárias.

Há quem veja uma foto e "viaje" ao invés de estudar, e já vi também quem estudava com muito mais afinco vendo uma foto do carro, casa ou aliança que pretende comprar com os futuros vencimentos...

O próprio ser amado, em pessoa, ao lado, no mais das vezes atrapalha a concentração. O ideal é que na hora do estudo ele não esteja tão longe que dê saudade nem tão perto que dê vontade de estar junto e o faça perder a concentração.

A temperatura do local também deve ser agradável: nem muito frio nem muito quente. Se possível, condicionador de ar, se não, ventilador. Agasalhos, a depender do local, ajudam. Além de ajudarem a obter a temperatura mais agradável, as vestes e calçados respondem por um grau maior ou menor de conforto. Não estude com trajes desconfortáveis. Tampouco fique confortável demais, pode ser um convite ao descanso.

O local deve ser arejado e amplo o suficiente, pois poucos gostam de ficar em ambientes apertados. Cuidado também com as janelas e o monte de distrações que elas apresentam.

9. POSIÇÃO DE ESTUDO

Quanto mais deitado, mais você vai dormir e menos estudar. Estude sentado, de modo a não prejudicar sua coluna. Coloque o livro em um ângulo de 30° ou 45° na mesa, a fim de não forçar seu pescoço para baixo. Para colocar o livro nessa posição, utilize outro livro ou objeto, colocando-o embaixo do que você está lendo. É possível comprar bases para livros (iguais àquelas que servem para colocar livros religiosos abertos em mesas ou estantes, atril[2]).

Evite deixar os pés dobrados, pois isso causará problema de circulação e dormência. Coloque-os à frente e plantados no chão ou sobre algum objeto que permita o seu movimento para frente e para trás, levando a uma boa circulação sanguínea e evitando inchaço e/ou edemas. Já se vendem algumas bases para sustentação dos pés. Evite ficar muitas horas sentado, isso pode prejudicar muito sua circulação e não faça "pernas de chinês" ou uma perna em baixo da outra. Isso sim é extremamente

---

[2] Você também pode confeccionar o seu próprio atril utilizando um cabide de ferro. Confira em: <http://williamdouglas.com.br/faca-seu-proprio-atril>.

prejudicial. Os intervalos no estudo ajudarão a evitar dormência e dores. Para isso, movimente-se durante esse período.

Use cadeiras com regulagem de altura para manter o seu cotovelo no mesmo nível da mesa. Não se deve ficar encurvado sobre a mesa ou tendo que se pendurar nela. Sente-se com o tronco ligeiramente inclinado para frente a fim de evitar dores nas costas e controlar melhor sua postura.

Veja os quadros com noções de ergonomia.

10. MATERIAL DE ESTUDO

Ao sentar-se para estudar tenha à mão tudo o que vai necessitar: papel, caneta, lápis, livros, códigos, apostilas etc. Não deixe algum material na prateleira, pois ou você vai perder tempo para pegá-lo (ou não volta) ou, como é a regra, por preguiça vai acabar não o consultando. Há quem goste de uma garrafa de água e um copo, ou um pacote de biscoitos. Você é quem sabe, mas cuidado com a alimentação.

Assim como se deve ter em mãos o material útil, elimine (coloque longe) o material inútil. Uma mesa desorganizada prejudica a "organização" do cérebro e a concentração. Muitas canetas e muitos lápis acabam desviando a atenção.

11. HORÁRIO E QUANTIDADE DE HORAS

Descubra se você rende mais pela manhã, tarde, noite[3] ou, como alguns, de madrugada. O número de horas deve ser estabelecido dentro de suas possibilidades: o máximo possível, respeitada a higiene mental. Não existe um número de horas "certo" para estudar. Estude o máximo que puder, com qualidade no estudo e sempre meça seu rendimento. Indicamos aqui a releitura do capítulo sobre montagem do quadro horário.

12. INTERVALOS

A realização de intervalos é uma forma de manter sadio o ambiente interno. Os intervalos são importantes porque recuperam a capacidade de assimilar os conhecimentos. Uma pausa dosada é um fator de otimização do aprendizado.

O intervalo serve para melhorar o rendimento no estudo e na realização das provas. Aqui, falaremos do intervalo no estudo.

Veja qual a melhor forma para o seu intervalo, pois cada um tem sua individualidade e seus próprios limites. Há quem prefira uma hora de estudo por 15 minutos de intervalo, ou 50 minutos de estudo por 10 de intervalo. Essa relação não é fixa. Veja em qual você se enquadra melhor.

Você pode preferir ir direto até sentir uma baixa de rendimento. Nesse momento, faça uma reconcentração e veja se consegue recuperar o pique. Quando o rendimento cair de novo, estude mais uns cinco minutos para forçar o organismo e o cérebro a aumentarem progressivamente seu esforço. Aí, faça mais uma pausa de 10 a 15 minutos.

---

3 Encontre mais sobre como identificar seu cronotipo e como adequar suas tarefas a ele no livro *Administração do Tempo*, de William Douglas e Alberto Dell'Isola.

Depois de três ou quatro horas seguidas ou com intervalos pequenos é válido descansar uma meia hora, que pode ser aproveitada para uma refeição, banho ou algo mais criativo. O mais importante é você se observar e ver o melhor modo para relaxar.

A importância do intervalo decorre do fato de que após um certo período de estudo contínuo passa a haver uma queda na curva do aproveitamento. Logo que começa a estudar seu cérebro vai "aquecendo", você vai se concentrando e chega a um estágio ideal de rendimento. Depois de ficar nesse estágio por certo tempo a tendência é começar a ocorrer uma queda lenta e contínua. Os intervalos servem para que você "quebre" esse ciclo de baixa. Com alguns minutos de relaxamento o estudante é capaz de voltar para um bom nível de captação da matéria.

É importante também se acostumar a beber água, ir ao banheiro antes ou depois do estudo ou nos intervalos. Se você faz intervalo de hora em hora dá para esperar para fazer essas coisas e, agindo assim, disciplinar seu organismo.

Antes de estudar, acalme-se e concentre-se, de modo a começar o estudo com um bom nível de captação e concentração.

Não se limite dizendo que "após uma hora eu não aprendo mais nada", pois isso é uma programação negativa. Procure, ao sentir o rendimento cair, "forçar" um pouquinho para aumentar a resistência ou então faça o intervalo. A programação errada fará com que todas as horas de estudo, após algum tempo, lhe tragam essa sensação de queda de rendimento.

Ao fazer intervalos estique seu corpo ou faça algum exercício para mexer outros músculos, prevenindo dores, dormência ou, no caso de copiar matéria ou digitar, para evitar as LER (lesões por esforços repetitivos).

Quando a situação não permitir um intervalo, como uma prova, aula mais longa ou seminário, realize movimentos de alongamento e relaxamento.

Ao fazer intervalos é possível utilizar técnicas de relaxamento. O simples fato de alterar a atividade, de dar uma "paradinha", de tomar um suco ou um café, ou esticar o corpo já exerce um bom efeito sobre o moral e a disposição para retomar o estudo.

A IMPORTÂNCIA DOS INTERVALOS

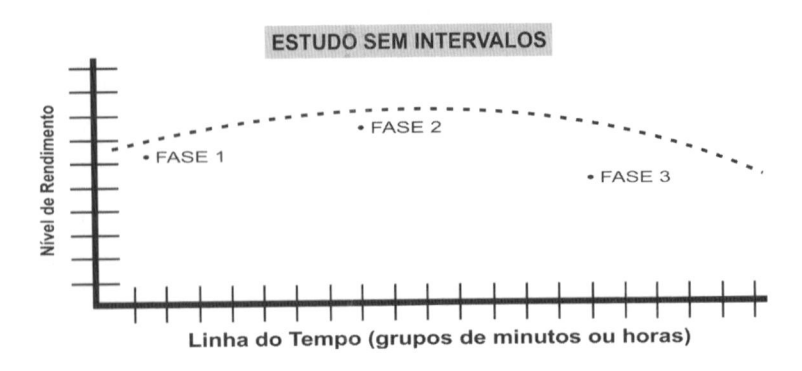

ESTUDO SEM INTERVALOS

[Gráfico: Nível de Rendimento × Linha do Tempo (grupos de minutos ou horas), mostrando FASE 1, FASE 2 e FASE 3]

Fase 1 – Período de "aquecimento". Se a pessoa se concentra ao começar, esta fase é superada mais rápido

Fase 2 – Período de rendimento normal, bom ou ótimo

Fase 3 – Período de perda progressiva de rendimento (cansaço). No início deste ciclo a perda é pequena e vai se agravando caso a pessoa não faça um intervalo

Fase 4 – O estudante "força" um pouco para aumentar suas resistências física e mental

Fase 5 – O intervalo repõe as forças e diminui o cansaço

Fase 6 – Após o intervalo o aluno revê rapidamente o que já estudou, o que fixa a matéria e aumenta a concentração que já começa acima da Fase 1. Equivale a um novo aquecimento, um pouco mais evoluído, já que envolve revisão do que foi visto antes do intervalo

Fase 7 – Após um novo período de estudo faz-se um novo intervalo

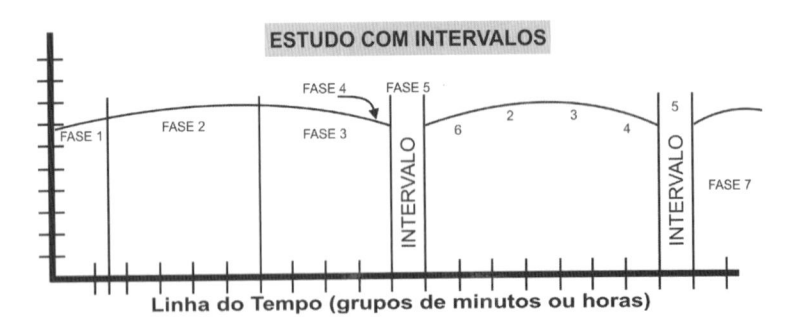

ESTUDO COM INTERVALOS

[Gráfico mostrando FASE 1, FASE 2, FASE 3, FASE 4, FASE 5, INTERVALO, fases 6, 2, 3, 4, 5, INTERVALO, FASE 7, ao longo da Linha do Tempo (grupos de minutos ou horas)]

13. MATÉRIAS

É indicado estudar uma ou duas matérias por dia, organizando a grade por semana. Já alguns preferem estudar um número maior de matérias por dia, dando a cada uma um número menor de horas ou minutos. Em qualquer caso, faça revisões periódicas e procure ter contato rotineiro com a matéria da prova.

Isso também deve ser decidido através da observação pessoal. A única coisa inadmissível é que ao estudar uma matéria você se preocupe por não estar estudando a outra. Após fazer sua grade horária, estude cada matéria em sua hora: não deixe que uma atrapalhe a outra. Se pensar em duas ao mesmo tempo, não aprenderá nenhuma.

Isto não se confunde com algo extremamente útil: ao estudar uma matéria, relacione-a com as outras. No primeiro caso, errado, a pessoa sente-se culpada e desespera-se por causa de uma outra matéria; no segundo, correto, ao estudar uma, ela vê as aplicações do conhecimento em outros campos da sua área de atuação e estudo.

Sempre coloque as matérias nas quais ainda se sente mais fraco no horário mais produtivo, aquele em que está mais descansado ou pode se concentrar melhor.

14. MÚSICA

O cérebro é capaz de captar diversas informações ao mesmo tempo. A partir daí, ele irá "filtrar" aquela grande gama de sensações externas, escolhendo quais irá processar e quais irá desprezar. A concentração é uma das formas de "determinar" ao cérebro que aquela sensação à qual prestamos atenção deve ser "arquivada". Desgostar de uma matéria, pessoa ou assunto faz com que o cérebro "jogue no lixo" as sensações a eles relativas.

A música é, segundo estudos científicos feitos nas melhores universidades do mundo, uma forma eficientíssima de ajudar na fixação de conceitos.[4] Ocorre que quando alguém ouve música com letra, o faz porque gosta da música e da letra. Se você estuda com alguma música, certamente seu cérebro irá fazer a filtragem com base no prazer

---

4 Apenas para ilustrar, o *Yale Center for Teaching and Learning* (Centro de Ensino e Aprendizagem de Yale), publicou matéria sobre os benefícios do ensino com música, que está disponível em: <https://campuspress.yale.edu/yctl/active-listening>. A Johns Hopkins School of Education também publicou um artigo sobre música e aprendizado – disponível em: <http://education.jhu.edu/PD/newhorizons/strategies/topics/Arts%20in%20Education/brewer.htm>, no qual afirma que: *"A música nos ajuda a aprender porque estabelece um estado positivo de aprendizagem; cria uma atmosfera desejada; constrói um senso de expectativa; energiza as atividades de aprendizagem; muda os estados das ondas cerebrais; centraliza o foco; aumenta a atenção; melhora a memória; facilita uma experiência de aprendizagem multissensorial; alivia a tensão; otimiza a imaginação; alinha os grupos; desenvolve intimidade; fornece inspiração e motivação; acrescenta o fator da diversão e valoriza as unidades orientadas por temas."*

auferido. Isso significa que sempre que estudar ouvindo música você estará estudando a letra da música, e não a matéria. Por essa razão, não estude com música.

A única exceção admitida e positiva é estudar ouvindo música erudita (clássica) ou instrumental/ambiente. Vários estudos demonstram que a música erudita facilita a atividade cerebral e que até mesmo as plantas reagem positivamente a ela. Quando você ouve uma música que gosta e conhece, fatalmente vai querer acompanhá-la e isso acabará prejudicando sua concentração.

Estude em silêncio, com música erudita (Vivaldi, Bach e Mozart, por exemplo) ou com música ambiente. Para ouvir os demais gêneros de música de seu agrado utilize os momentos de descanso ou lazer.

15. AMBIENTE DE ESTUDO EM OUTROS LOCAIS (CURSOS, BIBLIOTECAS ETC.)

As dicas aqui referidas servem também para outros locais de estudo. A sala de aula também merece atenção. Evite ficar muito na frente ou muito atrás na sala. Na frente se perde parte do controle do ambiente, e atrás, a atenção, sendo o local predileto dos que não querem muito "papo" com a matéria. Fique em posição adequada, propugne uma boa iluminação e, se houver sombra ou pouca claridade, peça ao responsável pelo local para dar uma solução para o problema. Leve em conta ventiladores e ar-condicionado para a escolha do seu local de estudo na sala.

A busca contínua da criação de um ambiente interno (seu corpo e cérebro) e externo (circunstâncias, local, silêncio) de estudo resultará em um aumento de produtividade. Não se estresse com a grande quantidade de cuidados que se recomenda, pois pouco a pouco você conseguirá ir criando o seu sistema de estudo e a melhor relação entre as condições ideais e as possíveis. A maior parte desses cuidados não é difícil de se obter e vai acontecendo aos poucos.

Sem equilíbrio e harmonia não pode haver formação de batalha.

Sun Tzu

Capítulo 9

Tempo de Estudo

O tempo de estudo não é uma parte isolada de nossa vida, mas uma parcela do tempo em interação com as demais atividades. Para se ter um bom horário de estudo é preciso harmonização, pois ninguém pode apenas estudar. É preciso cuidar da **administração do tempo**[1], que envolve vários fatores, entre os quais reluzem a responsabilidade com nossos objetivos e a flexibilidade para adaptar o que for possível e para se adaptar às circunstâncias.

A administração do tempo abrange cada uma de nossas atividades e todo o tempo que consumimos as realizando, algo tão grave e sério que às vezes nos causa certa angústia. A Bíblia, em muitas passagens, fala a respeito da administração do tempo. Em Efésios 5:16 fala em agir remindo o tempo, porque os dias são maus, sendo que uma tradução mais recente utiliza os termos *usando bem cada oportunidade*[2].

Se administrar o tempo é algo assim tão valioso, é óbvio que administrar o tempo de estudo também o é. Seja porque o estudo ajuda a vencer em nossa vida, seja porque nosso tempo é limitado e, portanto, devemos saber dividi-lo harmoniosamente, o fato é que, se não for bem administrado, simplesmente não basta.

Procurando o ideal. A ideia normal de quem está estudando é a de saber qual o número ideal de horas de estudo para se alcançar sucesso. É por essa razão que uma das perguntas que mais ouvimos é: "Quantas horas você estudava por dia?"

Isso, no entanto, não é o ideal, o importante é o seu horário e como você o organiza. Perguntar quantas horas outra pessoa estudava não

---

1 Para mais informações sobre o tema, ver a obra *Administração do Tempo*, de William Douglas e Alberto Dell'Isola.
2 "Aproveitando ao máximo cada oportunidade, porque os dias são maus." (Efésios 5:16 NVI)

tem utilidade porque ninguém tem sua vida igual à de outrem: uns trabalham, outros não; uns vão à igreja, outros não; uns são solteiros, outros casados, uns têm filhos. O que adianta saber é quantas horas você estuda, ou, mais, quantas pode estudar por dia ou por semana.

O certo seria perguntar, primeiro, como estudar e, depois, quantas horas você pode aproveitar para estudar de acordo com sua disponibilidade. Desse modo, a resposta correta para esta pergunta é: o maior número de horas que você puder, mantida a qualidade de vida e do estudo. Esse é o número que você deve perseguir.

Como tudo na vida, importa mais a qualidade do que a quantidade. Há quem estude 12 horas por dia e seu resultado prático seja inferior ao de outro que estuda apenas uma hora por dia. Por quê? Muitos fatores podem influenciar em seu estudo, como concentração, metodologia, ambiente de estudo. Mesmo assim, os estudantes e candidatos preocupam-se apenas com "quantas horas" e quase não se vê a preocupação com o "como" se estuda ou com o que está se aprendendo, afinal, do estudo. Quem se preocupa apenas com "quantas" horas se estuda esquece do desperdício de tempo de estudo por causa de sua baixa qualidade.

Uma das vantagens de estudar para um concurso é que até passar você sacrifica uma considerável parte do seu tempo, mas após sua aprovação pode refazer seu horário do jeito que preferir e aproveitar todo o tempo fora do trabalho para fazer o que gosta. Pode até voltar a fazer o que fazia, só que com sua vida profissional resolvida, já curtindo o seu sucesso e, é claro, com mais *status* e dinheiro no bolso.

Uma hora de estudo com qualidade vale mais do que cinco horas de estudo sem qualidade. Contudo, cinco horas de estudo com qualidade valem mais do que uma hora de estudo com qualidade. Assim, você deve reservar o maior tempo possível para estudo, apenas com o cuidado de separar tempo para descansar, relaxar etc.

O resultado da soma da quantidade com a qualidade pode ser expresso pelo que se lê em II Coríntios 9:6: "Aquele que semeia pouco, pouco também ceifará; e aquele que semeia em abundância, em abundância também ceifará".

Não adianta fazer nada malfeito, pois "quem faz malfeito tem que fazer duas vezes".

Em geral, o aluno pensa que atividades essenciais significam "perder tempo" e que "ganhar tempo" é estudar o tempo todo. Saber estudar é muito mais do que definir horas de estudo. É definir a qualidade do estudo e o equilíbrio adequado entre as atividades de estudo, lazer, descanso, trabalho etc.

1. FÓRMULA DO TEMPO REAL DE ESTUDO

Para demonstrar a importância da qualidade e facilitar ao aluno a identificação e seu real tempo de estudo, desenvolvemos uma fórmula simples, mas que indica se alguém está ou não desperdiçando tempo. Tempo, além de valer dinheiro, é algo que depois de gasto não volta mais. Eis a fórmula:

$$TRE = THE \times NC \times QE$$

Onde,

TRE – Tempo real de estudo

THE – Tempo horário de estudo (medido em minutos ou horas)

NC – Nível de concentração

QE – Qualidade do estudo

Em suma, só é possível definir quanto tempo uma pessoa estudou se multiplicarmos o tempo de estudo em minutos ou horas pelo nível de concentração e pela qualidade do estudo que, infelizmente não é medido em minutos ou horas.

É correto dizer que o nível de concentração – NC está contido no conjunto de características da qualidade de estudo – QE. Colocamos o NC em separado para frisar o seu valor.

A seguir, aplicaremos a fórmula em alguns casos hipotéticos.

	THE	NC	QE	TRE
A noção de TRE é mais importante do que a de THE, portanto, repita esta pergunta: Quantas horas reais eu estou estudando?	THE = O tempo no qual a pessoa ficou estudando é medido em minutos ou horas.	NC = Atenção dedicada pela pessoa ao estudo. Para efeito de cálculo, admitiremos uma variação de 0 a 2. Consideramos como "1" a concentração normal, "0" nenhuma e "2" a concentração excelente.	QE = Resultado do conjunto de técnicas e atitudes de otimização do estudo. Para cálculo, varia de 0 a 2.	TRE = A quantidade de horas ou minutos que, pode-se dizer, alguém tenha realmente estudado. Esse valor é o resultado da fórmula.
Aluno A: "A" possui apenas uma hora por dia para estudar. Nesse período, já curto, deixa de ter atenção e qualidade.	1 hora: Tempo este cronometrado com um relógio. É o que chamamos de "tempo horário".	0,5. Exemplo de casos em que o rendimento cai: pensar em outra matéria, na namorada, na praia, não prestar atenção (acuidade) etc. (1 hora X 0,5 = 30 minutos)	0,5: O rendimento cai se a qualidade é baixa. Por exemplo, leitura deficiente, falta de associações, iluminação ruim etc. (30 minutos X 0,5 = 15 minutos)	15 minutos: Com pouco tempo de estudo e com pouca qualidade e concentração, vê-se que "A" praticamente não estudou.
Aluno B: Embora também tenha pouco tempo, "B" estuda com níveis razoáveis de concentração e qualidade.	1 hora: Aqui estamos lidando apenas com o tempo cronometrado em relógio.	1: Aqui estamos considerando um nível razoável de concentração.	1: Iremos considerar um nível razoável de qualidade, ou seja, um uso razoável das técnicas.	1 hora: Com concentração e qualidade em níveis razoáveis "B" igualou o TRE ao THE. Ele realmente estudou uma hora e não desperdiçou o seu tempo.
Aluno C: "C" dispõe de um tempo maior para estudar. Mas, como veremos, isso não significa que ele vai estudar mais do que "B".	3 horas: Mais uma vez, lembre-se que aqui estamos olhando apenas o relógio.	0,5: Assim como "A", este aluno não se concentra o suficiente na matéria. Talvez por achar que, como tem mais tempo para estudar, pode dar-se a este luxo (ao invés de aproveitar a oportunidade para estudar mais).	0,5: Mais uma vez, está havendo falta de qualidade. Assim, a quantidade de matéria aprendida e fixada (memorizada) será menor.	45 minutos: "C" estudou um número razoável de horas, mas se tivesse estudado apenas uma hora com qualidade e atenção, teria aprendido mais do que em apenas 45 minutos reais. Ele não estudou três horas, mas apenas pequena parte disso.
Aluno D: "D" é aquele aluno que o pai banca, que tem uma boa herança e que só senta para estudar contra sua própria vontade.	5 horas: É até injusto dizer que "D" estudou 5 horas, pois o fez obrigado por seu pai ou por alguém. Tecnicamente, porém, esteve estudando 5 horas.	0 (zero): Sim, é possível ter zero de concentração. Quantas vezes você parou de ler um livro e leu de novo várias páginas até chegar a um ponto em que se lembrou já ter lido? A concentração estava em zero.	0 (zero): Há quem tire zero em qualidade. Basta, p. ex., ser alguém que não gosta da matéria ou que está estudando obrigado por terceiros ou pelas circunstâncias, como para fugir do desemprego.	0 horas: É possível estudar cinco horas e não aprender nada. Podemos ir além, há pessoas que passam um ano ou semestre dentro de uma sala, quatro horas por semana, e ao final não aprendem uma única vírgula. Culpa do professor e/ou culpa do aluno.
Aluno E: "E" tem bem menos tempo para estudar que "D", mas aproveita o tempo que tem. "E" pode ter que trabalhar ou ter quem o sustente. "E" é responsável com seu objetivo.	1 hora: Considerando o "tempo horário", "E" estudou o mesmo que "A" e "B" e menos que "C" e "D". O que se aproveitou, porém, é medido pelo TRE.	2: Através de treino e vontade de aprender, "E" consegue aproveitar ao máximo o tempo, pois sua concentração otimiza a captação e o aprendizado. Assim, a concentração dobra o aproveitamento do tempo.	2: "E" aprendeu a amar cada matéria estudada. Ao ler, faz uso de leitura otimizada, toma anotações de modo adequado, utiliza as técnicas de estudo e memorização etc.	4 horas: Embora isso possa parecer impossível, "E" conseguiu estudar e aprender muito mais do que seu THE pode indicar. Alguns poderão dizer que ele é inteligente ou tem o QI alto. "E" é inteligente sim, mas porque sabe aproveitar ao máximo seu tempo de estudo.

1.1. Falta de Tempo e Dicas de Estudo

Muitas pessoas dizem que não têm tempo para estudar, mas desperdiçam oportunidades preciosas para fazê-lo. Mas a falta de tempo tem três motivos básicos:

1 – FALTA DE PRIORIDADES: ou seja, falta de compromisso com o objetivo, ou do próprio objetivo. A pessoa tem interesse em estudar, mas esse interesse é menor do que o de passear, curtir, descansar, dormir, jogar futebol etc.;

2 – FALTA DE ORGANIZAÇÃO: e de sua melhor ajudante, a autodisciplina. A pessoa quer estudar, mas não prioriza suas atividades ou organiza um horário e não o cumpre. Aqui se inclui também o desperdício de tempo;

3 – MULTIPLICIDADE DE RESPONSABILIDADES: algumas vezes, a pessoa tem múltiplas e indeclináveis responsabilidades, como trabalho, filhos, pessoas doentes na família etc.

Os dois primeiros casos são de fácil solução: ou você desiste de seu objetivo ou o leva a sério. Se é para valer, então organize e cumpra seu programa de estudo. O terceiro caso é mais complicado, pois reflete dificuldades cuja solução não depende apenas de você. Aqui, é preciso capacidade de adaptação, bastante diálogo e um pouco de paciência.

Tão importante quanto "achar" tempo de estudo nas atividades diárias é querer achar tempo. Existem pessoas que querem abraçar o mundo, esquecendo-se que a multiplicidade de objetivos dificulta que eles sejam alcançados. É preciso fazer opções. Se você não consegue achar tempo para estudar, é porque talvez não queira realmente ser aprovado; se quer, então ache tempo.

Um bom exemplo dessa necessária opção está no Evangelho de Mateus, quando Jesus fala na opção entre servi-Lo ou não, mas que serve para quem quer fazer provas sem se dispor a sacrificar algo, ao menos temporariamente: "E, se teu olho te fizer tropeçar, arranca-o, e lança-o de ti; melhor te é entrar na vida com um só olho, do que tendo dois olhos, ser lançado no inferno de fogo" (Mateus 18:9). Parafraseando Cristo:

"Se alguma atividade atrapalha o teu estudo, arranca-a e lança-a longe de ti, pois é melhor passar no concurso sem ela do que, com ela, não passar no concurso."

1.2. Flexibilidade no Horário

A flexibilidade é a maior virtude de um horário de estudo, desde que combinada com responsabilidade. Se no horário de estudar você está com sono, durma um pouco e volte a estudar depois, mais recuperado e atento. É melhor dormir uma hora e estudar outra do que passar duas horas babando em cima do livro... Mas se esse sono for recorrente e sempre na hora do estudo vale dar uma volta, tomar um café ou lavar o rosto e voltar ao estudo. Esse sono pode ser um sinal de procrastinação. Se perceber que o sono é exagerado, pode ser que você tenha algum distúrbio de sono. Nesse caso, indicamos que consulte um médico para eliminar essa hipótese.

Se o horário é de estudo e um amigo precisa conversar sobre um problema sério, ou se é aniversário da namorada ou da esposa, ou se seu pai pede seu auxílio, largue o livro e atenda a sua família; se é horário de estudo, mas sua turma lhe convida para ver um filme que quer muito ver, vá vê-lo e depois compense essas horas nas programadas para o lazer.

Há horas em que devemos dizer não a parentes, amigos e ao cansaço, mas há horas em que devemos flexibilizar nosso horário. Afinal, somos nosso próprio patrão nesse caso, quem é o empregado é o horário. E deixar de ir para ficar pensando em "como seria se..." é ainda pior que não ir.

Entendeu o princípio da coisa? É preciso equilibrar uma vida saudável com o esforço sincero em busca do aprendizado. Quem não faz nada senão estudar não aguenta muito tempo estudando e quem nunca consegue tempo para estudar está precisando rever seus objetivos e a seriedade com que os trata.

A atividade física de ficar sentado estudando exige tanto condicionamento quanto a atividade atlética. Não é fácil disciplinar o próprio corpo para resistir a horas e horas estudando. Se você não está acostumado, dificilmente conseguirá ficar cinco horas seguidas sentado.

O que fazer? Insista. No primeiro dia você ficará uma hora, no segundo uma hora e quinze minutos, até conseguir seu intento. Sempre faça uma flexão de braço a mais, corra mais alguns metros e estude mais alguns minutos: só assim você forçará o crescimento de sua resistência. Como já é dito há muito, um longo caminho se inicia com um primeiro passo.

Não se esqueça de dar uma "paradinha" de vez em quando, para ouvir uma música, tomar um café ou algo parecido. Isto não prejudica o estudo, ao contrário, auxilia e faz o rendimento médio subir. O ideal é que você faça períodos de hora ou hora e meia seguidos por 10 a 15 minutos de relaxamento.

Os intervalos constituem um valioso e indispensável instrumento em qualquer atividade um pouco mais prolongada. Trataremos deles mais acuradamente ao discorrer sobre o ambiente (interno e externo) de estudo.

Dois cuidados, porém:

1) sempre que for recomeçar, concentre-se. É interessante rever rapidamente os tópicos já estudados, pois isso facilita a memorização e a fixação e;

2) recomece, pois há aqueles que param para tomar um cafezinho e não voltam mais.

2. COMO FAZER SEU PLANEJAMENTO DE TEMPO

O planejamento anda lado a lado com o sucesso. Para você utilizar bem o seu tempo, deve haver um planejamento de passos e etapas, um método. Crie, o mais rápido possível, um quadro daquilo que precisa estudar e de quanto tempo irá dedicar para cada disciplina. Utilize a Técnica do AEIOU:

	Técnica **AEIOU**	
	A	UTODISCIPLINA
	E	
H	I	GIENE
	O	RGANIZAÇÃO
	U	TILIDADE

A **autodisciplina** já foi abordada, portanto, mude sua postura e passe a segui-la.

Higiene é muito mais do que tomar banho, escovar os dentes, cortar as unhas etc. Higiene significa manter um nível razoável no plano físico e mental. Isto inclui a atividade física, o lazer e o serviço social. Também significa cortar da sua vida o que pode ser cortado e eliminar os excessos. Estudar não significa alijar-se do convívio social, portanto, nada de entrar na caverna.

Organização vai além de ter "um lugar para cada coisa e cada coisa em seu lugar". É preciso ter um tempo para cada coisa e fazer cada coisa a seu tempo. A organização elimina a tensão, o estresse e aumenta a concentração. Fazer o quadro horário é um primeiro passo. Falaremos sobre ele mais à frente.

Utilidade é a pergunta básica a respeito de cada uma de suas atividades diárias. Se é útil, faça e tente aumentar a produtividade; se não é útil e der para não fazer, não faça; se não é útil e tem de ser feito, procure dar alguma utilidade. Inclui tentar fazer coisas estudando.

Exemplos:

Estudar é útil: estude e procure estudar melhor.
Ver novelas não é útil, e dá para não fazer: não faça.
Andar de ônibus e lavar louça não é útil, mas não dá para não fazer: arrume maneiras de estudar nesse período (aulas ou audiobooks em MP3, resumos na parede etc.). Se você tiver que fazer uma viagem (ônibus, barco, avião), use o tempo de deslocamento para ler.

Talvez esteja se perguntando sobre a letra "E". Ela é simples, não se faz uma casa sem tijolos e nenhuma técnica funciona sem você estudar, estudar, estudar. E "**estudar**" para qualquer concurso, e incluímos OAB nesse hall, é "estudar e treinar". Quem não faz questões e exercícios de fixação não passa. Portanto, faça questões, faça provas e simulados e estude muito!

3. COMO CRIAR MAIS TEMPO

> Tempo não se tem,
> Tempo se faz.
>
> *Izequias Estevam*

Sempre que pensar que não tem tempo para fazer algo que deve fazer, lembre-se da frase acima. Hoje em dia, ninguém tem tempo, a princípio você tem de "fazer" seu tempo.

Você vai arrumar tempo para fazer as coisas nas quais tiver real interesse (onde houver compromisso). Se estudar ou passar na prova não é algo que lhe interessa, você nunca vai ter tempo. Já o namoro... a internet...

Se você anda de ônibus e consegue ler em movimento, leia. Se não consegue (como é o caso de muitos), grave a matéria e a ouça com um gravador, MP3 player ou celular. Se você viaja acompanhado, utilize questionários, dê aulas etc. Se for acompanhado por um colega de estudo, os dois aprenderão muito; se é alguém que não estuda com você, mas quer lhe ajudar, ele ouvirá aulas ou fará perguntas previamente preparadas por você com muito prazer. Se esta pessoa não está com boa vontade para lhe ajudar, arrume outra companhia até passar na prova e peça a compreensão da pessoa para cortar o papo e focar nos estudos.

Se você anda a pé, corre, malha ou anda de carro, a solução é gravar a matéria em CDs, DVDs ou MP3 e ouvir enquanto se exercita. Se lhe roubarem o mp3 player ou o celular, compre outro, trata-se de um investimento, e não despesa.

Calcule quanto tempo você gasta semanalmente com deslocamento. Retirando uma parcela ínfima para entrar e sair do carro, ou para se pagar a passagem, todo este tempo pode ser convertido em tempo de estudo. A grande vantagem é que se trata de um período indeclinável e que até aqui você mantinha inutilizado para o estudo. Claro, se está em uma situação tensa de trânsito, pause seu estudo, mas aprenda a amar os engarrafamentos! Encare-os como oportunidades para estudar.

Estude no banheiro durante as tarefas diárias, nas filas dos bancos, no consultório, diminua o lazer excessivo etc.

Uma das maneiras para se criar tempo é acabar com seu desperdício. É sobre como não perder (não perder = ganhar) que iremos falar agora.

3.1. Como Ganhar Tempo Dentro do Aspecto da Organização

- Faça um quadro horário geral (QHG) e um quadro horário de estudo (QHE).
- Tenha autodisciplina (a letra A, do AEIOU) e equilibre as atividades (letras I e O).

- Termine uma coisa antes de começar outra.
- Mantenha seu local de estudo arrumado.
- Anote as tarefas que devem ser realizadas.
- Se possível, peça a ajuda de parentes, amigos etc. (dentro do possível, delegue, peça ajuda, sem se tornar um explorador com um bom motivo).
- Encontre o equilíbrio: não se torne um parasita e não fique assumindo tarefas alheias. Faça suas obrigações e leve os outros a fazerem as deles.
- Aprenda a dizer não educadamente, quando for preciso.
- Não enrole nem se enrole: para cada tarefa estabeleça prazos realistas e os cumpra.
- Estabeleça as prioridades: faça primeiro o que é importante e urgente, depois o que é importante e não urgente e por fim as demais tarefas.
- Antes de tentar salvar o mundo, passe na OAB.

3.2. Como Ganhar Tempo Dentro do Aspecto da Utilidade

- Uso do banheiro
    a) Acabe com banhos longos (a menos que esteja dando uma aula imaginária sobre algum assunto).
    b) Acabe com o excesso daquelas horas dedicadas ao cabelo, à escolha das roupas, à barba, à maquiagem etc.
    c) Mantenha sempre material de estudo no banheiro, no boxe, no espelho etc.

- Uso do telefone/internet

Falamos brevemente sobre isso na parte de inventário pessoal e mais detidamente sobre utilizar as redes sociais como aliados, mas é sempre bom relembrar.

a) Cronometre o tempo de ligação ou que está navegando.
b) Peça para alguém fazer e atender as ligações delegáveis.
c) Não conte casos, histórias, troque ideias ou planeje seu próximo ano. Vá sempre direto ao assunto, seja objetivo.

- Uso da TV/YouTube/Netflix

    a) Defina quais são os programas/canais que verá, seja por informação (noticiários, educativos etc.) seja como lazer (filmes, seriados, comédias). Cumpra a programação. Se possível, dê preferência aos disponíveis *on demand* (na TV) para ver em seu horário de descanso, sem interromper seu horário de estudo.

    b) Não perca tempo com novelas, programas de auditório e filmes reprisados.

    c) Com exceção do horário de lazer (que é livre), procure assistir o que for útil em termos culturais ou informativos.

    d) Não estude perto do televisor/monitor nem ouvindo sua banda favorita.

    e) Configure o sistema para não realizar reproduções automáticas e resista ao máximo à ideia de continuar assistindo.

- Reuniões de estudo (e outras)

    a) Ao agendar a reunião, prepare antecipadamente o que deve acontecer nela.

    b) Não desperdice tempo.

    c) Se a reunião deve durar uma hora, procure agendá-la de modo a que mais ou menos uma hora e meia ou duas depois de seu início você tenha um compromisso. Outra técnica é pedir para alguém ligar para você uns 15 minutos depois da hora em que a reunião deva terminar.

    d) Se a reunião é de estudo, estude; de trabalho, trabalhe. O papo furado deve ser deixado para as ocasiões dedicadas a isso (lazer) e nada de transformar sua reunião em um piquenique.

    e) Se a reunião é de trabalho, faça-a na sala ou casa de outrem; se é para estudo, a tendência é que haja um revezamento. Em qualquer caso, não deixe de disciplinar o tempo.

    f) Se puder, opte por videoconferências, costumam ser mais rápidas.

    g) Estude de preferência com a porta fechada.

- Refeições

    a) Não tente almoçar e estudar ao mesmo tempo, pois não é assim que se otimiza o horário das refeições.

b) Não desperdice tempo enquanto faz suas refeições, divagando, jogando conversa fora em excesso, comendo em lugares que demoram a servir etc.

c) Use o horário das refeições para fazer um relaxamento. Tranquilize-se e não almoce com pressa. Desligue-se. Isso fará bem para você e para sua digestão.

d) Após a refeição, relaxe por 5 a 10 minutos. Depois, retorne ao trabalho ou ao estudo.

e) Não existe esse negócio de que ler ou estudar depois de uma refeição faz mal. Basta ter o costume.

- Trabalho

    a) Procure aplicar as ideias acima em seu local de trabalho.

    b) Quando iniciar o horário de trabalho, esqueça o resto e produza o melhor possível. Quando terminar o expediente, não leve os problemas do trabalho nem trabalho para casa. Deixe os problemas do trabalho no seu local próprio. Não misture as estações.

    c) Otimize. Há ofícios e atividades em que há grande tempo ocioso (exemplo lamentável: repartições públicas), onde se fica muito tempo sem fazer nada. Normalmente as pessoas conversam: você deve estudar. Se você almoça durante uma hora, reserve 15 minutos para redigir e, se der, mais 15 para ler legislação, resumos etc.

    d) Se você lida com muito papel, não leia memorandos e ofícios mais de uma vez. Logo na primeira vez que os ler, anote o que deve ser feito, responda-os, determine ou delegue o que for cabível.

    e) Não só no trabalho, mas em qualquer situação, tenha sempre consigo material de leitura. Use-o em situações de espera ou demora.

- Visitas

    a) Se alguém lhe visitar de surpresa, seja educado, mas gentilmente demonstre que tem compromissos. Atender a pessoa em pé ou na varanda é eficaz. Outra solução é marcar um dia para sair com a pessoa, no horário para lazer.

b) Além do visitador inesperado, há uma outra espécie de pessoa que atrapalha o estudo. Aqueles que não têm o que fazer e querem dividir o próprio ócio com os demais. Evite isso. Dependendo da pessoa, há outra forma de resolver o problema: amavelmente diga que precisa estudar e gostaria que a pessoa ajudasse, por exemplo... assistindo a uma aula ou indo pagar uma conta no banco enquanto você estuda. Em pouco tempo você será o "chato" e a pessoa vai procurar outro. Dentro do possível, procure agendar quem você irá visitar e quem visitará. Não estamos falando aqui daquele parente ou amigo que repentinamente teve um problema e precisa de seu auxílio, pois nessas ocasiões você pode e deve ser solidário e exercer a flexibilidade. O que se deve evitar é uma prática de visitas e festas regulares e/ou inesperadas.

c) Quanto mais se fica sentado, se assiste TV, se oferece café e se puxa assunto, mais tempo se gasta. Defina para si mesmo o que prefere no momento: ser um anfitrião agradável ou passar. Nessas horas a etiqueta não vai ajudar tanto.

d) Por fim, temos aquele sujeito que nos procura um monte de vezes para pedir para fazermos alguma coisa que não é nossa obrigação. Cordialmente, diga não.

e) Aprenda a dosar o ajudar os outros e o ajudar a si mesmo para poder ajudar mais os outros no futuro. Em tempos de estudo, não dá para nunca ajudar nem para sempre ajudar os outros.

Outras dicas:

1) A primeira pessoa a ser disciplinada é você mesmo, mas não é a única. Um projeto de estudos não sobrevive sem uma parcela de participação dos familiares e amigos. Através de conversas, acordos, indiretas, pedidos e atitudes, entre os quais uma conversa séria se preciso, indique sua necessidade de tempo para seus parentes, amigos e até para seu parceiro amoroso. Mostre seu compromisso com um objetivo que, quando alcançado, será melhor para todos. Insista para que as pessoas se façam colaboradoras na sua autodisciplina.

2) A participação coletiva no seu objetivo pessoal será mais fácil se houver uma dosagem razoável do tempo dedicado ao estudo e às atividades com eles (família, amigos, namorada[o], esposa[o]). Quando você tiver sucesso, e até chegar nele, não deixe de reconhecer e agradecer o apoio de seus circunstantes. Ou seja,

separe algum tempo para as pessoas que você ama e curta estes momentos. Isso vai relaxar você e seus familiares.

3) Seja "gentil com as pessoas, mas impiedoso com o tempo". Não seja indelicado e não desperdice tempo. Resumindo os tópicos acima:

- saiba dizer não ao seu desejo de lazer, sono e atividades sociais em excesso;
- saiba, educadamente, dizer não aos convites de familiares e terceiros para participar de festas, passeios, lazer, conversas e tudo o mais em excesso.

4) Se der, é melhor deixar de ir a um casamento ou aniversário e passar logo do que ser muito social e muito desempregado. Após a prova, revitalize sua agenda social. Quando sugerimos isso, não raro, alunos nos interpelam falando que perderiam os(as) namorados(as) dessa forma. Bem, se o seu cônjuge não está disposto a ajudar e cooperar com seu sonho, perdê-lo seria um excelente negócio para os três: para ele, para ela e para passar na prova. Se for o casamento de seu melhor amigo, ou o jogo ou apresentação de seu filho, vá.

5) Não se estresse com o tempo, administre-o.

"Aproveite este tesouro que é seu: seu tempo. Use-o com sabedoria, responsabilidade e flexibilidade."

Como vimos, o tempo de estudo não é algo objetivo nem estático. O mais importante não é quanto você estuda, mas como você estuda. Com organização e autodisciplina é possível ganhar tempo (criar tempo + evitar seu desperdício).

Ainda sobre tempo, vale a pena mencionar um excelente texto, de Raduan Nassar (*Lavoura Arcaica*, Companhia das Letras):

O tempo é o maior tesouro de que um homem pode dispor. Embora inconsumível, o tempo é o nosso melhor alimento. Sem medida que o conheça, o tempo é, contudo, nosso bem de maior grandeza. Não tem começo nem fim. Onipresente, o tempo está em tudo. Existe tempo, por exemplo, nesta mesa antiga, nestas paredes antigas. Existiu primeiro uma terra propícia, existiu depois uma árvore secular feita de anos sossegados. E existiu, finalmente, uma prancha nodosa e dura, trabalhada pelas mãos de um artesão dia após dia. Existe tempo nas cadeiras onde nós sentamos, nos móveis da família, nas paredes, na água que bebemos, na terra que fecunda, na semente que germina, nos frutos que colhemos, no pão em cima da mesa.

Rico não é o homem que coleciona e se pesa num amontoado de moedas e nem aquele devasso que se estende mãos e braços em terras largas. Rico só é o homem que aprendeu, piedoso e humilde, a conviver com o tempo, aproximando-se dele com ternura, não contrariando suas disposições, não se rebelando contra seu curso, não irritando sua corrente, estando atento para seu fluxo, brindando antes com sabedoria para receber dele os favores e não a sua ira.

O equilíbrio da vida depende essencialmente deste bem supremo. E quem souber com acerto a quantidade de vagar e ou a de espera que se deve pôr nas coisas não corre nunca o risco, ao buscar por elas, de defrontar-se contra aquilo que não é.

> Quando sopram os ventos da mudança,
> alguns constroem abrigos e se colocam a salvo;
> outros constroem moinhos e ficam ricos.
>
> *Claus Möeller*

FLEXIBILIDADE + RESPONSABILIDADE

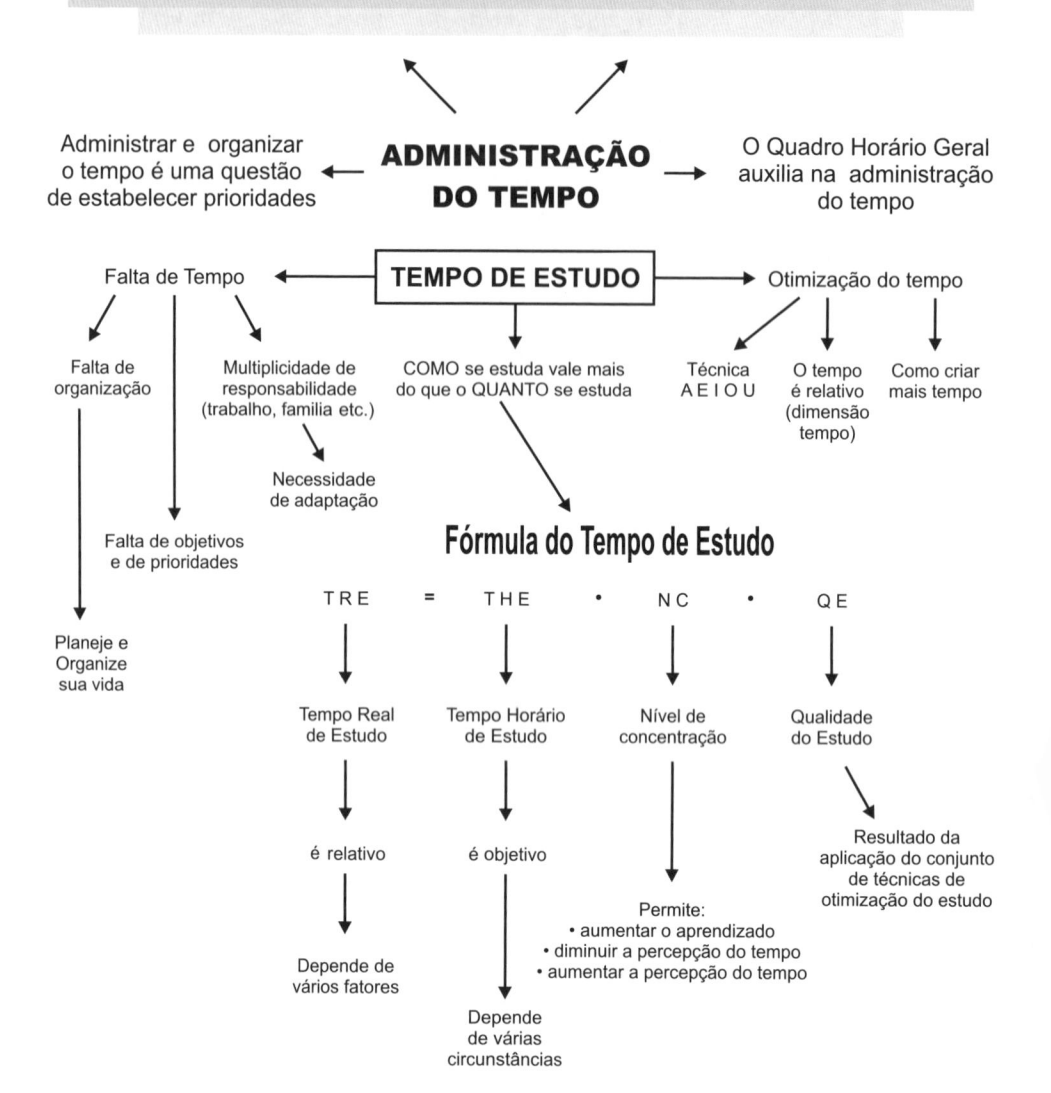

ADMINISTRAÇÃO DO TEMPO

- Administrar e organizar o tempo é uma questão de estabelecer prioridades
- O Quadro Horário Geral auxilia na administração do tempo

TEMPO DE ESTUDO

Falta de Tempo
- Falta de organização
  - Falta de objetivos e de prioridades
    - Planeje e Organize sua vida
- Multiplicidade de responsabilidade (trabalho, família etc.)
  - Necessidade de adaptação
- COMO se estuda vale mais do que o QUANTO se estuda

Otimização do tempo
- Técnica A E I O U
- O tempo é relativo (dimensão tempo)
- Como criar mais tempo

Fórmula do Tempo de Estudo

$$TRE = THE \cdot NC \cdot QE$$

- **TRE** — Tempo Real de Estudo
  - é relativo
  - Depende de vários fatores
- **THE** — Tempo Horário de Estudo
  - é objetivo
  - Depende de várias circunstâncias
- **NC** — Nível de concentração
  - Permite:
    - aumentar o aprendizado
    - diminuir a percepção do tempo
    - aumentar a percepção do tempo
- **QE** — Qualidade do Estudo
  - Resultado da aplicação do conjunto de técnicas de otimização do estudo

Capítulo 10

Como Montar seu Quadro Horário

Como já dissemos no capítulo anterior, os dois valores essenciais para administrar nosso tempo são a flexibilidade e a responsabilidade. A flexibilidade decorre do fato de termos o livre-arbítrio para montar, modificar e substituir as tarefas a serem cumpridas. A responsabilidade decorre do fato de sabermos que sem esforço e sem ação contínua e direcionada não é possível obter resultados. Ainda sobre essa relação, atente para duas ideias. Responsabilidade: *no pain, no gain*, como dizem os treinadores de atletas olímpicos, isto é, "sem dor (esforço, dedicação, persistência, transpiração, ação), sem vitória".

Para organizar nosso tempo, o melhor caminho é a elaboração de um quadro horário. Quadro horário é uma coisa que todo mundo sabe o que é, quase ninguém faz e, de quem faz, quase ninguém cumpre. Contudo, é um dos mais perfeitos e eficientes métodos para otimização do tempo. Através dele vários alunos descobriram inúmeras horas por semana em que poderiam estudar e não sabiam.

O ser humano, principalmente o latino, tem uma certa resistência a qualquer coisa que lhe pareça ato de autoridade ou controle. Isto manifesta-se tanto na resistência a preparar o quadro, quanto na dificuldade para cumpri-lo com responsabilidade e autodisciplina. Insistimos que não será um esforço em vão. Experimente.

Para que ocorra uma administração do tempo (ou, ao menos, sua estruturação) com qualidade é preciso fazer dois quadros, respectivamente:

1) Quadro Horário Geral – QHG e
2) Quadro Horário de Estudo – QHE

No quadro geral (QHG) colocamos todas as nossas atividades, deixando em branco os tempos vagos que podem ser muitos ou muito poucos, dependendo de suas atividades. Em seguida, procuramos espaços que podem ser convertidos em tempo de estudo. Por exemplo: se sei que todo dia das 6h às 7h e das 18h às 19h estou no ônibus, acabei de "achar" 10 horas semanais de estudo extra.

O quadro de estudo (QHE) é feito posteriormente, usando-se as horas vagas e as otimizadas, identificando-se as matérias a estudar e a distribuição da carga horária. Lembrando que o ideal é que você tenha conforto com todas as matérias em uma semana.

Uma das maiores vantagens do quadro horário é a liberdade e a paz de espírito que decorrem de se fazer aquilo que se decidiu. Na hora em que monta seu quadro horário e de estudo, você é absolutamente livre. É quem escolhe o que vai fazer, quando, como e onde. Além disso, você vai poder parar de levar livros para a praia. Já reparou que todo mundo leva e ninguém estuda, e que quem estuda acaba não curtindo a praia? Um bom quadro horário terá a hora para a praia e a hora para os livros. E respeitando esses horários você poderá simplesmente "desligar" quando for a hora.

Você já foi namorar sentindo-se culpado porque devia estar estudando?

Você já ficou estudando com baixa produtividade, pois estava mesmo é com vontade de namorar?

Você já teve ocasião em que estava estudando (e entendendo!) a matéria A, e de repente veio uma preocupação em aprender a matéria B? E nesta hora ou foi estudar a matéria B e parou de entender a A? Ou ficou na A mesmo com menor concentração?

Nosso cérebro nem sempre é capaz de organizar sozinho nossas atividades. Embora o consciente tenha noção de divisão do tempo, o inconsciente nem sempre a tem. Por isso, é muito comum que quando estamos fazendo uma coisa surjam na mente informações (e cobranças) a respeito de outras coisas a serem feitas. Nestas horas, o quadro serve como uma espécie de "assessor" organizacional.

Se você separou a sexta à noite para namorar, se na sexta à noite seu cérebro enviar "mensagem" para estudar, você deve "responder" que aquela ocasião é para fazer exatamente o que está fazendo, sem culpas nem tensão.

De igual modo, na hora de estudar, estude. Se na sexta você marcou para estudar até às 18 horas, até às 18h apenas estude. Não se deixe levar por devaneios ou pressa para dar a hora de ir namorar. Quando vier aquela imagem da sexta à noite, autodetermine-se no sentido de deixar aquele interesse para o momento adequado.

Quando estiver estudando a matéria A (e entendendo!) e seu inconsciente enviar uma mensagem a respeito da matéria B, você deve conscientemente determinar que toda a sua atenção permaneça na matéria A, já que a matéria B tem seu tempo determinado para estudo.

Com o quadro horário você deixa de ficar à mercê de seus impulsos naturais e inconscientes. Sua vida ficará mais organizada e tranquila, e seu estudo – consequentemente – renderá muito mais.

LEMBRE-SE, ao montar seu QHG, que "tempo não se tem, tempo se faz".

1. COMO MONTAR O QUADRO HORÁRIO GERAL – QHG

Antes de montar seu quadro horário, faça duas coisas:

a) conscientize-se de que, para se chegar a um resultado diferente, é preciso uma conduta diferente e que qualquer conquista exige um período maior ou menor de trabalho e investimento;

b) utilize a Técnica AEIOU, já apresentada.

Divida o tempo. Avalie sua semana, identificando as necessidades de descanso/sono, higiene, locomoção, trabalho, estudo em curso preparatório ou faculdade, lazer, refeições, estudo em casa, atividade comunitária ou religiosa etc. A seguir, preencha o quadro horário, cujo exemplo temos abaixo.

Quando você tiver um horário "livre", circunde-o com uma caneta de cor diferente ou lumicolor/pilot ou coisa que o valha. Estes quadros são as horas que serão divididas para as atividades básicas de quem quer passar: estudo, estudo, estudo, lazer e atividade física.

> Dois passos para ganhar
> mais 2h 45min de estudo por semana:

1. Se você almoça entre 12 e 13 horas, faça uma linha na base do quadro respectivo. Esta linha significa aqueles 15 minutos que você não fazia nada (ou ficava fofocando) e nos quais vai passar a estudar. Durante algum tempo alguns poderão achar que você ficou "metido", é um "CDF" ou algo assim. Educadamente, mostre o quanto você quer melhorar e que aqueles minutos são importantes. De 2ª a 6ª, sem muito esforço, você acabou de ganhar 1 hora e 15 minutos de estudo. Como se trata de um período curto, a produtividade será ótima. A forma como você considerar esses 15 minutos será exatamente como eles serão: um fardo (sem produtividade) ou uma oportunidade (proveitosa).

2. Uma linha idêntica deve ser feita no primeiro ou último horário do dia: são aqueles preciosos 15 minutos que não farão muita diferença no seu dia a dia, mas resultarão (de 2ª a sábado) em mais uma hora e meia de estudo (de redação livre, por exemplo).

Com essas duas modificações, você, quase sem nenhum impacto, obtém mais 2 horas e 45 minutos de estudo por semana. Poderá usar este novo tempo aberto para estudo, a fim de treinar leitura e redação ou fazer questões.

Um exemplo de montagem do quadro utilizando apenas o turno da manhã até o almoço, **é o que se segue:**

	Segunda	Terça	Quarta	Quinta	Sexta	Sábado	Domingo
6-7h	Acordar, Higiene, Leitura[1]	Acordar, Higiene, Leitura	Acordar, Higiene, Leitura	Acordar, Higiene, Leitura	Acordar, Higiene, Leitura	Acordar, Higiene, Leitura	Acordar, Higiene, Leitura
7-8h	Atividade Física[2]		Atividade Física		Atividade Física		Lazer[3], Atividade Religiosa
8-9h	Higiene e Revisão/ Deslocamento		Higiene e Revisão/ Deslocamento		Higiene e Revisão/ Deslocamento		
9-10h	Faculdade[4]	Faculdade	Faculdade	Faculdade	Faculdade		
10-11h	Faculdade	Faculdade	Faculdade	Faculdade	Faculdade		
11-12h	Faculdade	Faculdade	Faculdade	Faculdade	Faculdade		
12-13h	Almoço xxxxx	Almoço xxxxx	Almoço xxxxx	Almoço xxxxx	Almoço xxxxx	Almoço	Almoço[5]

Horários onde se vai montar o QHE.

"xxx" –Representam os 15 minutos que eram de conversa/TV e agora são de leitura (+ 1h30min/semana)

Item 1 – A leitura é importante e encaixa-se facilmente no horário. Mais 1h45min de leitura geral por semana.

Item 2 – Recomendamos o WDPTS disponibilizado no site <http://www.williamdouglas.com.br>. Esse tempo pode ser aproveitado ouvindo as gravações da matéria.

Item 3 – No exemplo, a pessoa pegou uma hora no início do domingo e converteu em tempo de estudo.

Item 4 – Utilize o tempo ao máximo para tirar dúvidas, desenvolver novas estratégias de estudo e obter conhecimento.

Item 5 – Repare que neste exemplo o domingo é utilizado como "dia de descanso", aquele no qual não há a preocupação de otimizar ao máximo o tempo, tanto que no almoço não se previu estudo. Seja na sexta, sábado ou domingo, ou outro dia, procure ter um dia da semana sem atividade de estudo ou trabalho.

Com esse exemplo já é possível compreender a mecânica. O horário pode estar, em princípio, vago ou com atividade necessária, mas otimizada para estudo. A pessoa pode estudar no banho e, após, rever fichas, ler, escrever etc. Durante o deslocamento pode-se ouvir uma gravação da matéria, ler, revisar mapas mentais.

TOTAL DE HORAS PARA ESTUDO NO EXEMPLO CITADO:

9 horas vagas

+ 1 hora deslocada do lazer para o estudo (Item 3)

+ 6h15min de otimização (correspondentes a:)

+ 1h30min de estudo após o banho (2ª, 4ª e 6ª)

+ 1h30min em deslocamento (± 30' em cada hora de deslocamento, de 2ª a 6ª)

+ 1h45min de leitura geral (de 2ª a domingo – item 1)

+ 1h30min de estudo após o almoço (de 2ª a sábado).

DIVISÃO DAS HORAS DE ESTUDO PARA MONTAR O QHE

a) Defina o que vai fazer nos horários mais "quebrados", onde você "arrumou" tempo para o estudo. Nestes horários deve fazer preferentemente atividades de apoio. O estudo mais forte deve ser feito com concentração total.
- 1h45min de manhã – leitura geral
- 1h30min após o almoço – utilize para leitura da matéria ou correlatas.
Ex.: ler livros, resumos e/ou a legislação que vai cair na prova.
- 1h30min em deslocamentos – utilize para reforçar o estudo das matérias em que ainda está fraco.

b) Defina o tempo que sobrou:
- 9h – o seu tempo livre, aí incluída uma hora a menos de futebol no sábado.
- 1h30min – resultante de 30 minutos após o banho nos três dias em que realiza atividade física na semana.
- TOTAL: 10h30min. Este é o tempo que você vai dividir entre as matérias da OAB.

Obs.: pode parecer pouco tempo, mas tendo o tempo bem administrado e usando técnicas é importante e benéfico. E isso é apenas no horário da manhã.

c) Outras otimizações possíveis:
- correr ouvindo MP3 etc., item 2, que foi contabilizado. Mais até três horas;
- no item "c" é possível obter-se, hipoteticamente, mais umas quatro horas, que passam das 6h30min para 10h30min, além das 4h45min de tempo otimizado.

d) Às vezes o tempo otimizado é bem maior do que o número de horas de estudo. Somando tudo, sobrará mais tempo para algum lazer ser feito, e feito sem culpa.

Todos os dias quando acordo, não tenho mais o tempo que passou
Mas tenho muito tempo: Temos todo o tempo do mundo.
Todos os dias antes de dormir, lembro e esqueço como foi o dia:
'Sempre em frente, não temos tempo a perder'.
(...)
Temos nosso próprio tempo.

Renato Russo

Dia / Hora	Segunda-feira	Terça-feira	Quarta-feira	Quinta-feira	Sexta-feira	Sábado	Domingo
6 / 7 h							
7 / 8 h							
8 / 9 h							
9 / 10 h							
10 / 11 h							
11 / 12 h							
12 / 13 h							
13 / 14 h							
14 / 15 h							
15 / 16 h							
16 / 17 h							
17 / 18 h							
18 / 19 h							
19 / 20 h							
20 / 21 h							
21 / 22 h							
22 / 23 h							
23 / 24 h							

1) "Fotografe" seu horário atual
2) Some os tempos e veja se estão razoáveis
3) Aplique a Técnica AEIOU
4) Modifique o que julgar útil para alcançar equilíbrio e sucesso.

Verifique o total de horas para:
SONO
FAMÍLIA
ESTUDO/SOZINHO
ALIMENTAÇÃO/HIGIENE
EXERCÍCIOS FÍSICOS
ESTUDO/CURSOS
LAZER
IGREJA
TRABALHO

OBSERVAÇÕES:

Cada organismo tem uma necessidade específica de horas de sono. Não adianta você acordar às 4 da manhã e passar o dia mal, baixar a qualidade do estudo e, a longo prazo, se estressar. Procure definir seu número ideal de horas de sono por dia. O máximo que se pode fazer é forçar um pouco mais no meio da semana e "pagar" o sono "atrasado" no final de semana. Observe-se: diminua 30 minutos de seu sono diário e veja como seu organismo responde. Se tudo funcionar bem, você ganhou três horas e meia de estudo por semana; se não, respeite seu organismo. Outro toque: falta de exercícios físicos regulares (sedentarismo) e obesidade aumentam o sono.

Como já dissemos, não é errado ter um **dia de descanso**, mas até benéfico, que haja um dia por semana em que você não estude. Ele poderá ser o seu dia religioso ou o dia em que há menos tempo disponível para estudo. Este dia servirá para o cérebro burilar e assimilar o que você estudou nos demais. O tempo de descanso e de sono também é utilizado pelo cérebro para aprender e memorizar. Por isso se diz que *time out is not time off*, ou seja, que o tempo em que se está "fora" do estudo não significa que é um tempo "desligado" do estudo. Veja que Deus criou um dia semanal de descanso do trabalho, e Ele, o Criador, conhece o funcionamento do organismo humano. Use este dia para lazer, descanso, família, recarregar as baterias; durma até um pouco mais tarde se quiser.

Após cortar os excessos e se organizar, veja quantas horas vai dedicar a cada atividade. Não tente fazer milagres: melhore aos poucos.

Procure otimizar essas partes. O lazer pode ser a atividade física e/ou a atenção dispensada à família. Se há filhos, saiba separar uma parte do tempo para o cônjuge e outra para os filhos. Se possível, evite "cortar" o tempo dedicado às atividades filantrópicas ou religiosas, pois elas são úteis para o espírito e dão maior força interior. É melhor levar mais um pouco de tempo para passar com a cabeça no lugar do que alcançar sucesso como um autômato egoísta.

Depois de fazer seu QHG e QHE, analise as médias de tempo de cada atividade. Você tem 168 horas por semana.

Qual a porcentagem de tempo dedicada ao estudo, ao lazer, e assim por diante?

É um conjunto equilibrado e razoável?

O número de horas dedicadas ao estudo é compatível com a ideia de compromisso com o resultado pretendido?

As horas inúteis foram otimizadas para transformarem-se em horas úteis?

Você vai aguentar e querer cumprir o horário na forma em que ele se encontra?

Como se diz, o ótimo é o pior inimigo do bom. Não adianta um horário "ótimo", mas impraticável: é melhor um horário "bom" e que seja cumprido com rigor.

MÉDIAS: Some o tempo que você gasta com cada uma das atividades hoje[1], veja o que está bom, excessivo ou pouco e faça uma proposta[2] de redistribuição do seu tempo.

	HOJE[1]		PROPOSTA[2]
SONO:	☐		☐
ALIMENTAÇÃO/HIGIENE:	☐		☐
LAZER:	☐	Aplique a técnica AEIOU	☐
ATIVIDADE FÍSICA:	☐		☐
FAMÍLIA:	☐		☐
TRABALHO:	☐		☐
ESTUDO EM CURSOS/FACULDADE:	☐		☐
ESTUDO EM CASA/BIBLIOTECA:	☐		☐
ATIVIDADES COMUNITÁRIAS E RELIGIOSAS:	☐		☐

2. COMO MONTAR O QUADRO HORÁRIO DE ESTUDO – QHE

Após definir quantas horas você tem para estudar, liste as matérias. Separe as de que você gosta, as indiferentes e as de que não gosta a princípio.

Pronto, olhe para todas elas e passe a gostar de todas, caso contrário terá uma diminuição em seu rendimento. As matérias de que você até ontem não gostava ou era indiferente são provavelmente aquelas que você sabe menos. Então, separe as de que gosta e sabe mais e as de que gosta e sabe menos. Repare que, ao fazer referência a certas matérias, é necessário atentar para a atitude mental:

ATITUDE INCORRETA	ATITUDE CORRETA
Matéria de que não gosto	Matéria que aprendi a gostar
Matéria que não sei	Matéria que estou aprendendo
Matéria em que sou fraco	Matéria em que ainda estou fraco
Matéria em que sou ruim	Matéria em que estou ruim no momento/por enquanto
Matéria que não aprendo fácil	Matéria que vou aprender mais

A diferença entre sonho e realidade
é a quantidade certa de tempo e trabalho.
William Douglas

3. ACELERANDO O APRENDIZADO

Aqui, trataremos de uma formação humana e geral que torna o candidato mais preparado. A preocupação é ir um pouco além do "bê-a-bá", do edital. Para isso, você deve separar tempo para dedicar-se a atividades correlatas.

O primeiro passo é a leitura de livros, apostilas e resumos sobre as matérias que constam no edital. Muitos querem passar nas provas apenas com a matéria de uma apostila ou com o que ouviram em sala. O caminho não é este. Quando for estudar uma matéria, procure ler mais do que as anotações tomadas em sala. Se possível, leia mais do que apostilas. Use-as para dar uma olhada geral na matéria, depois leia os livros, se aprofunde e, no final, para fixar melhor, releia a apostila.

Além dessa leitura básica, o "zero a zero" de quem vai fazer o concurso, isto é, aquilo que todo mundo faz, devemos fazer mais duas leituras e duas formas de treino de redação:

- leitura de apoio
- leitura geral
- redação de apoio
- redação geral

3.1. Leitura de Apoio

Refere-se à leitura de assuntos úteis para a prova, e que não necessariamente fazem parte específica do programa de matérias.

A leitura destes materiais é importantíssima e poucos a fazem. Assim, na prova da OAB o candidato deve ler: a legislação pura e simples (que faz falta na hora da prova, mesmo as com consulta, afinal, você não vai "explorar e descobrir novidades" na hora da prova, vai?), mas não se pode esquecer as súmulas e jurisprudência do STF e do STJ, e, eventualmente, de outros tribunais.

3.2. Leitura Geral

É a ocasião para ler jornais, revistas, livros de cultura geral, livros religiosos etc. Não se iluda: esta leitura irá fazer diferença na hora da prova. Ler dicionários, aleatoriamente, também não é má ideia. Ajudam a formar uma plataforma de estudo e embasar suas respostas com conhecimentos gerais. Só escreve bem quem lê muito e de tudo.

3.3. Redação (geral e de apoio)

Separe ocasião para fazer **redações gerais** sobre assuntos que você escolheu para a 2ª fase. Faça o seguinte: a) estabeleça o assunto; b) usando um livro, faça um esquema dos pontos mais importantes; c) leia a matéria; d) sem consultar o livro e usando o esquema feito, faça uma redação sobre o assunto. Experimente também ler e fazer o esquema em um dia e fazer a redação no outro; e) corrija sua redação.

Separe tempo para fazer **redações de apoio** sobre qualquer tema. Faça a redação em um dia, no dia seguinte corrija a redação anterior e faça uma nova. Isto vai melhorar seu rendimento. E, ao final, pode tornar-se um excelente *hobby*. Se preferir, inicie um blog, mas imprima a postagem para revisar e lembre-se que na hora da prova a redação será escrita e tem número de linhas a ser respeitada. Não use, tampouco, linguagem de internet em seus textos: "vc", "naum", "pq", "tb" nunca devem aparecer em uma prova.

4. EXEMPLOS DE PLANEJAMENTO DE ESTUDO PARA OAB[1]

A seguir, apresentamos alguns exemplos de planejamento de estudo de quem está se preparando para a prova da OAB.

---

1 Os quadros disponibilizados neste item são baseados na divisão de matérias para a primeira fase do Exame da OAB. O tempo alocado para cada matéria é baseado na análise Raio X OAB, disponível como material complementar desta obra no site da Editora Impetus. Importante! Este quadro pode e deve ser alterado para atender sua necessidade e condição específica de estudo. Para a segunda fase é necessário ajustar o quadro de acordo com a ênfase escolhida no ato da inscrição.

Os exemplos levam em consideração as matérias e uma boa estratégia para dividi-las, mas, como já falamos anteriormente, trata-se de um exemplo, uma sugestão e não de uma obrigação.

4.1. Exame da OAB – Modelo Prevendo Faculdade

	Seg	Ter	Qua	Qui	Sex	Sáb	Dom
06:00	Rotina Matinal						
06:30	Acordar, tomar café, ler jornal, tomar banho etc.						
07:00	Atividade Física	Redação	Atividade Física	Redação	Atividade Física	Rotina matinal	
07:30		Revisão		Revisão			
08:00							
08:30							
09:00							
09:30	Faculdade	Faculdade	Faculdade	Faculdade	Faculdade	Revisão geral	
10:00							
10:30							
11:00							
11:30							
12:00	Almoço						
12:30	Otimizar o tempo para estudar						
13:00	Direito Civil	Proc. Penal	Direito Penal	Proc. Penal		Almoço	Dia de descanso
13:30							
14:00					Estatuto de Ética OAB		Atividade física, família, atividade espiritual etc.
14:30							
15:00	Direito Penal	Proc. Civil	Direito Civil	Proc. Civil			
15:30							
16:00	Direito Constit.	Proc. Trabalho	Direito Trabalho	Direito Adm.	Filosofia	Simulados e provas	
16:30							
17:00					Ambiental		
17:30	Direito Trabalho	Direito Adm.	Direito Constit.	Proc. Trab.			
18:00					ECA		
18:30							
19:00	Jantar					Jantar	
19:30	Otimizar o tempo para Família/Descanso						
20:00	Empresarial	Direito Tribut.	Empresarial	Direito Tribut.	Cosnum.	Revisão de prova	
20:30							
21:00					Internac.		
21:30	Direitos Humanos	Ética	Direitos Humanos	Consum.			
22:00		Amb.		Internac.	Filosofia		
22:30		ECA		Filosofia			
23:00	Revisão e redação						

4.2. Exame da OAB – Modelo Prevendo Trabalho

	Seg	Ter	Qua	Qui	Sex	Sáb	Dom
06:00	Rotina Matinal						
06:30	Acordar, tomar café, tomar banho, ler jornal etc.						
07:00	Atividade Física	Redação	Atividade Física	Redação	Atividade Física	Ética e Estatuto OAB	Rotina matinal
07:30		Revisão		Revisão			
08:00	Trabalho	Trabalho	Trabalho	Trabalho	Trabalho		Revisão da prova
08:30							
09:00							
09:30						Revisão geral	
10:00							
10:30							
11:00							
11:30							
12:00	Almoço						
12:30	Otimizar o tempo para estudar						
13:00							
13:30							
14:00							
14:30							
15:00							
15:30	Trabalho	Trabalho	Trabalho	Trabalho	Trabalho	Revisão geral	Descanso
16:00							
16:30							Atividade física, atividade religiosa, família etc.
17:00							
17:30							
18:00							
18:30	Jantar						
19:00	Direito Civil	Processo Penal	Direito Penal	Processo Civil	Direito do Trabalho	Simulado e prova	
19:30							
20:00	Direito Penal	Processo Civil	Direito Civil	Processo Penal	Processo Trabalho		
20:30							
21:00	Direito Constit.	Direito Adm.	Direito Constit.	Direito Adm.	Empresarial		
21:30							
22:00	Tributário	Humanos	Tributário	Humanos	ECA		
22:30	Filosofia	Consumi.	Filosofia	Consumi.			
23:00	Ambiental	Internac.	Ambiental	Internac.	Revisão		

4.3. Exame da OAB – Modelo Prevendo Curso Preparatório e Trabalho

	Seg	Ter	Qua	Qui	Sex	Sáb	Dom
06:00	\multicolumn{7}{c}{Rotina Matinal — Acordar, tomar café, tomar banho, ler jornal etc.}						
06:30							
07:00	Atividade Física	Redação	Atividade Física	Redação	Atividade Física	Revisão Pré-Curso	Descanso
07:30		Revisão		Revisão			
08:00	Trabalho	Trabalho	Trabalho	Trabalho	Trabalho	Curso	Atividade física, atividade religiosa, família etc.
08:30							
09:00							
09:30							
10:00							
10:30							
11:00							
11:30							
12:00	Almoço — Otimizar o tempo para estudar						
12:30							
13:00	Trabalho	Trabalho	Trabalho	Trabalho	Trabalho	Curso	Simulados, provas etc.
13:30							
14:00							
14:30							
15:00							
15:30							
16:00							
16:30							
17:00							
17:30						Revisão	
18:00							
18:30	Jantar — Otimizar o tempo para família/descanso						
19:00							
19:30	Direito Civil	Processo Penal	Direito Penal	Processo Civil	Direito do Trabalho	Revisão geral	Revisão da prova
20:00							
20:30	Direito Penal	Processo Civil	Direito Civil	Processo Penal	Processo Trabalho		
21:00							
21:30	Direito Constit.	Direito Adm.	Direito Constit.	Direito Adm.	Empresarial		
22:00							
22:30	Tributário	ECA	Humanos	Consum.	Ética, Estatuto e Filosofia		
23:00	Humanos	Ambient.	Tributário	Internac.			

Capítulo 10 — *Como Montar seu Quadro Horário* | 111

4.4. Exame da OAB – Modelo Prevendo Estudo sem Cursos

	Seg	Ter	Qua	Qui	Sex	Sáb	Dom
06:00	Rotina Matinal - Acordar, tomar café, tomar banho, ler jornal etc.						
06:30							
07:00	Atividade Física	Redação	Atividade Física	Redação	Atividade Física	Rotina matinal	
07:30		Revisão		Revisão			
08:00							
08:30	Direito Civil	Direito Admin.	Direito Penal	Direito Constit.	Ética e Estatuto da OAB		
09:00							
09:30							
10:00						Revisão geral	
10:30	Direito Penal	Direito Constit.	Direito Civil	Direito Adm.	Processo do Trabalho		
11:00							
11:30							
12:00	Almoço						
12:30							
13:00						Almoço	
13:30	Ética e Estatuto da OAB	Processo Penal	Direito do Trabalho	Processo Civil	Direito do Trabalho		Dia de descanso
14:00							
14:30							
15:00							
15:30	Direito Empresarial	Processo Civil	Processo do Trabalho	Processo Penal	Direito Empresarial		
16:00							
16:30						Simulados e questões	
17:00	Direito Tributário	Direitos Humanos	Direito Tributário	Direitos Humanos	ECA		
17:30							
18:00	Ambiental	Internac.	Ambiental	Internac.	Filosofia		
18:30							
19:00	Jantar						
19:30							
20:00	Consumidor		Consumidor			Jantar	
20:30							
21:00		Revisão		Revisão	Revisão		
21:30	Revisão		Revisão			Revisão de prova	
22:00							
22:30							
23:00							

4.5. Exame da OAB – Modelo Prevendo Faculdade e Trabalho

	Seg	Ter	Qua	Qui	Sex	Sáb	Dom
06:00				Rotina Matinal			
06:30			Acordar, tomar café, tomar banho, ler jornal etc.				
07:00	Atividade Física	Redação	Atividade Física	Redação	Atividade Física	Processo Penal	
07:30		Revisão		Revisão			
08:00	Trabalho	Trabalho	Trabalho	Trabalho	Trabalho	Processo Civil	Descanso
08:30							
09:00						Direito Trabalho	Atividade física, atividade religiosa, família etc.
09:30							
10:00						Processo Trabalho	
10:30							
11:00						Direito Empresarial	
11:30							
12:00				Almoço			
12:30				Otimizar o tempo para estudar			
13:00	Trabalho	Trabalho	Trabalho	Trabalho	Trabalho	Direito Tributário	Revisão geral
13:30							
14:00						Direitos Humanos	
14:30							
15:00						Ambiental	
15:30							
16:00						ECA	
16:30							
17:00						Consumidor	
17:30							
18:00						Filosofia	
18:30				Jantar			
19:00				Otimizar o tempo para estudar			
19:30	Faculdade	Faculdade	Faculdade	Faculdade	Faculdade	Direito Internac.	Simulados provas e revisão de prova
20:00							
20:30							
21:00							
21:30						Revisão	
22:00							
22:30	Direito Adm.	Direito Constit.	Direito Civil	Direito Penal	Estatuto da OAB		
23:00							

Capítulo 11

Técnicas Gerais de Estudo

Não comece a ler o livro por este Capítulo! Não cometa o erro mais comum na preparação: a pressa e a vontade de ir "direto ao assunto", o que faz a pessoa perder a base, que é o mais importante. Recomendo que comece a ler o livro pelos primeiros capítulos, pois segue uma sequência de estudo e preparação.

1. O QUE É O ESTUDO?

Estudar é divertido, agradável e compensador. Mesmo que alguma matéria não seja muito útil no resto da vida, ela terá sua importância para algum degrau a ser pisado, para alguma fase a ser superada. Estudar deve ser considerado algo prazeroso, um hábito de vida, o fruto de uma curiosidade permanente.

Paulo Freire, educador e filósofo brasileiro, autor de *Pedagogia do oprimido* costumava dizer, sobre o ensino, que estudar é uma atividade que exige uma postura crítica, na qual aquele que estuda se sente desafiado pelo texto em sua totalidade e seu objeto é apropriar-se de sua significação. Estudar, portanto, é assumir uma postura curiosa: a de quem pergunta, a de quem indaga, a de quem busca. Estudar é assumir uma relação de diálogo com o autor do texto com o membro da banca, com o professor que transmite a matéria. Estudar é uma atividade que exige humildade. Não é, portanto, memorizar mecanicamente, como se o saber fosse uma doação dos que se julgam sábios aos que julgam nada saber. Estudar é, sobretudo, pensar a prática, e pensar a prática é a melhor maneira de pensar certo.

Mira Y. Lopes complementa essa ideia dizendo que estudar é concentrar todos os recursos pessoais na captação e assimilação de dados, relações e técnicas que conduzem à solução de um problema, e que aprender é uma mudança positiva no rendimento. Aprender significa prender-se efetivamente a algum assunto. Aprender é obter o resultado procurado na atitude de estudo.

Quando se passa a estudar dessa forma (reinventando, questionando, atuando como sujeito e não como objeto, buscando uma mudança positiva no rendimento), o estudo passa a ter muito mais graça. Inclusive e, principalmente, o estudo daqueles assuntos/temas/disciplinas que não valorizamos muito ou com os quais não nos identificamos em um primeiro momento.

2. ESTRATÉGIA E MÉTODO DE ESTUDO

Estratégia é um conjunto sistematizado de ações ou procedimentos dirigidos a um fim que se quer alcançar. São os planos adotados para a realização de determinada tarefa. Pode-se chamar de tática a parcela de planejamento para cada meta ou etapa. A estratégia é a ação geral, que trabalha com o todo.

Uma boa estratégia de estudo deve considerar basicamente dois quesitos:

1) **Personalização.** O mais importante é o seu modo de aprender e o seu resultado. Técnicas de terceiros devem ser sempre testadas: se funcionarem, ótimo; se não funcionarem, procure adaptá-las às suas peculiaridades. Não se force a utilizar uma técnica somente porque quer agradar alguém ou por querer repetir um resultado. Personalize as técnicas. Se uma forma de estudo funciona para você, não se engane caso alguém diga que ela não é boa, que tem este ou aquele defeito etc. Se funciona bem para você, ela é a ideal. Alguns alunos, por exemplo, aprendem muito bem transcrevendo a matéria para cadernos. Embora copiar a matéria à mão leve muito tempo, eles aprendem bem assim. Se aprendem, ótimo. Eles podem até tentar novos sistemas, mas nada os obriga a não usarem algo que está funcionando. A flexibilidade que deve existir no horário também pode ser aplicada às técnicas e ao modo de execução.

2) **Avaliação da relação custo x benefício.** Monitore seu processo de aprendizagem, preste atenção àquilo que funciona, àquilo que vale e que não vale a pena. Um processo contínuo de

aperfeiçoamento não dispensa uma constante verificação das vantagens e desvantagens de cada método. Isso permite aumentar o rendimento e, cada vez mais, a personalização das técnicas.

O importante é saber que uma boa estratégia, um bom método e boas técnicas fazem "milagres" em sua preparação. Sabemos que um centímetro ou alguns centésimos de segundo podem significar uma vitória nos esportes. Nos concursos, um centésimo de nota pode ser a diferença entre o último classificado e o primeiro cortado. Assim, um ganho infinitesimal, proporcionado pela tecnologia e pelo conhecimento pessoal e da técnica, pode ser o suficiente para alcançar o sucesso.

3. TÉCNICAS BÁSICAS PARA O ESTUDO EFICAZ

As técnicas básicas de estudo são:

a motivação;

o amor à matéria;

a curiosidade;

a acuidade; e

a agregação cíclica.

A seguir, você verá que as técnicas básicas de estudo têm íntima relação com a programação do cérebro. Portanto, não deixe de seguir as dicas do Capítulo referente a como conhecer, operar e aproveitar o máximo dessa máquina. Vamos às técnicas.

3.1. Motivação

Se você não tem um bom motivo para estudar, não tem um bom motivo para aprender. Se não tem um bom motivo para aprender, você não aprende.

Ou se começa a estudar com um motivo para esta ação ou é melhor ir fazer outra coisa. Estudar só vale a pena e frutifica quando é feito com um bom motivo, quando quem estuda está sabendo porque está ali fazendo aquilo. O que o faz agir? O que lhe faz querer passar em um concurso? A resposta a essas indagações serão essenciais para ajudá-lo a descobrir sua real motivação.

Agora, se você não tem motivos para estudar ou se há outras motivações maiores, siga seu coração. Faça o que lhe der mais prazer. Porém, como nos ensinou Wellington Salgado de Oliveira, o importante é você não se arrepender depois. Assim, ao decidir se vai estudar com dedicação e esforço ou não, pense não só no presente, mas também no futuro.

Ao se motivar para estudar, lembre-se dos benefícios que o esforço que está fazendo irá produzir. Visualize mentalmente o que quer, os seus objetivos, a satisfação de ir bem nas provas e concursos, e responda às perguntas. Se eventualmente não gostar de estudar ou da matéria, mude de atitude. Se gostar, vá fundo.

Saiba sempre a razão do que está fazendo, motive-se e o aprendizado virá correndo.

3.2. Amor: uma das Maiores Motivações

O amor é tão importante para o rendimento da pessoa que já foi dito que "gênio é uma pessoa normal que trabalha no que gosta". Não há nada que não seja otimizado pelo entusiasmo. No caso do estudo, o amor, o prazer, o se gostar podem ser considerados uma chave mestra.

Ao se preparar para concursos o autor William Douglas não gostava nem um pouco de Direito Comercial. Aliás, passou em seu primeiro concurso, para a Defensoria Pública (em 1ª lugar), sem que a matéria tenha feito falta. Mais tarde, no concurso para Juiz de Direito, Direito Comercial respondia por 10% da prova. Ele precisava de 50 pontos para passar. No primeiro concurso que prestou para o cargo tirou 42, zerando em Comercial; no segundo, tirou 46,5, e um novo zero em Comercial. Foi o momento em que chegou à conclusão de que Direito Comercial estava fazendo falta. Não dava para viver sem a matéria. Ele precisava aprender para pontuar e alcançar a meta.

Como resolver o problema? Sua relação com o Direito Comercial era constituída por evitar a dor que causava (negativa). Passou a ter uma relação de prazer (positiva). Sem qualquer exagero, ele afirma que um belo dia olhou para o Código Comercial e disse para ele que até o dia anterior não o amava, mas como ele era necessário para que alcançasse seus sonhos, sua carreira, seu sucesso etc., passou a amá-lo. Assim, como em um ato de vontade, em um ato consciente, passou a amar Direito Comercial. A partir daquele momento, daquela ruptura, passou a ler e estudar a matéria com uma nova atitude e o resultado disso foi, finalmente, aprendê-la. No concurso seguinte passou a pontuar também em Comercial, e uma boa pontuação.

3.3. Curiosidade, Perguntas e Respostas

Experimente sempre se fazer algumas perguntas, ou fazê-las a quem de direito, ou a buscar nos livros a resposta para cada uma delas.

- Como isso funciona?
- Por quê?
- Qual a utilidade disso?
- Qual é a efetiva aplicação desse material?
- O que é mais importante aqui?
- Qual é a importância disso para mim?
- O que meu interlocutor está querendo? (seu professor, examinador, amigo, contendor etc.)
- Vale a pena investir tempo nisso?
- O quanto eu preciso aprender desse assunto?
- Quem disse isso?
- Onde eu aplico isso?
- Quando (em que ocasião) isso vai ser útil?

A curiosidade é a mãe de todo aprendizado, desde descobertas, até as últimas novidades. Fazer perguntas e procurar respostas é o que distingue a alma inventiva da mediana, o estudioso do aluno passivo. Você não precisa fazer todas estas perguntas para seu professor, mas deve fazê-las para si próprio, e respondê-las. Albert Einstein disse: "A coisa mais bonita que podemos experimentar é o misterioso".

Cultive o desejo de ver, saber, informar-se, desvendar, alcançar, o interesse de aprender, conhecer, investigar determinados assuntos; procurar coisas novas. Este sentimento de pesquisador, desbravador, cientista é que abre as portas e comportas do cérebro para novos conhecimentos e uma infinidade de novas informações e conexões.

Quando estiver em algum curso, portanto, não se avexe, intimide ou envergonhe de fazer perguntas aparentemente tolas, pois a única tolice é não querer aprender e não se empenhar para isso. Cursos são lugares feitos para se aprender e a dúvida e o erro fazem parte desse processo.

3.4. Concentração

A atenção não é o primeiro momento cerebral ("eu vou ficar atento"), o primeiro momento é a importância ("eu dou importância, logo ficarei atento"). Se você não se importa ou não dá a devida importância a um determinado assunto, certamente, não dará atenção bastante e irá subutilizar seu potencial de estudo e aprendizagem.

O cérebro emocional não trabalha por convencimento, por exemplo, dizendo-se "não gosto, mas vou estudar"; a programação deve ser "vou estudar porque gosto".

Há pessoas capazes de fazer o chamado multiprocessamento: estudam, veem TV, navegam nas redes sociais e conversam ao mesmo tempo, e com razoável sucesso. Isto, contudo, não é muito frequente e, nem mesmo o mais indicado. O ideal é ter concentração e atenção a uma tarefa de cada vez. Se uma pessoa consegue fazer duas ou três coisas ao mesmo tempo, imagine o quanto não renderia se usasse todo esse potencial apenas para o estudo, na hora do estudo. Não caia no mesmo problema do pato. O pato é um animal que anda, voa e nada, mas acaba realizando todas essas tarefas um pouco mal.

3.5. Noção de Agregação Cíclica e a Teoria do Quebra--Cabeça

No aprendizado e na memorização, duas noções são preciosas.

1ª) Inexistem limites para a capacidade de aprendizado. É errado pensar que o cérebro irá "encher". Substitua esta ideia pela de que "saber não ocupa espaço".

A memorização é tanto mais fácil quanto maior o número de informações disponíveis no cérebro, pois quanto mais informações mais conexões do conhecimento poderão ser feitas.

Quanto mais você estuda e agrega conhecimentos, por conseguinte, mais fácil se torna a realização do ciclo de aprendizado e a memorização.

2ª) Aprender se assemelha a montar um quebra-cabeça.

O aprendizado, quando feito de forma organizada, pode ser comparado à montagem de um quebra-cabeça, onde cada nova peça juntada acelera em progressão geométrica o resultado pretendido. Se uma peça leva dois minutos para ser encaixada, a próxima levará menos tempo, e assim por diante até a resolução do enigma.

A partir do momento em que isso for compreendido será mais fácil ultrapassar as fases da agregação de novos conhecimentos. Imagine a quantidade de conhecimento que você quer alcançar como se fosse um grande *puzzle*.

3.5.1. Fases da Concentração

A concentração, como dissemos, é como a montagem de um quebra-cabeças e existem algumas fases que devem ser observadas. Fases de montagem de um quebra-cabeça e do estudo de uma matéria:

1ª fase – "olhar o todo"

2ª fase – "desagregação"

3ª fase – "primeiros encaixes"

4ª fase – "próximos encaixes"

5ª fase – "sucesso"

1ª FASE: OLHAR O TODO

Para montar um quebra-cabeça a primeira coisa que deve fazer é olhar a imagem que será montada, se você pode primeiro olhar o quebra-cabeça montado, será muito mais fácil montá-lo depois de embaralhado. Mas no caso das matérias, como ver o quebra-cabeça montado? Estudando os princípios de cada matéria, as fórmulas e conceitos básicos, lendo livros resumidos, obras bem elaboradas e finas, esquemas e, inclusive, lendo várias vezes (até assimilar) os índices dos livros um pouco mais complexos. Procure sempre as ideias principais do texto, isto facilita o estudo.

Também é interessante que, ao iniciar o estudo de cada uma das partes, você revise a estrutura do todo, encaixando a parte a ser estudada dentro do todo. É isso que você faz quando, em um quebra-cabeça do mapa-múndi, começa a encaixar as partes de cada um dos continentes entre si.

Atentar para os detalhes. Aqui, a coisa se inverte: o conhecimento adequado da parte facilita o conhecimento do todo. Se você conhece os contornos do mapa do Brasil, fica mais fácil completar a América do Sul. Use isso a seu favor. Estude o todo e vá para a parte. Ao estudar a parte, faça-o da melhor maneira possível, sabendo que aquele pedacinho vai otimizar o aprendizado do resto da matéria. Isto é "atentar para os detalhes". Às vezes lembrar-se de uma parte é o que fará com que recorde de tudo, trata-se da técnica do fio da meada, sobre a qual falarei posteriormente.

2ª FASE: DESAGREGAÇÃO

O próximo momento é o da desagregação. As peças, centenas ou milhares, estão embaralhadas, misturadas, até mesmo desconhecidas. Olhando de longe, parecem um monstro, uma pilha de coisas incompreensíveis, tanto que nem dá vontade de tentar.

Porém, é assim que o jogo funciona. E, se quer jogá-lo, tem de começar já. O mais interessante é o fato de você saber que, apesar de embaralhadas, as peças possuem relação entre si: existe uma solução, uma forma, existem encaixes e, à medida que forem ocorrendo, as coisas irão naturalmente se descomplicando. Na desagregação reside e respira, imponente e majestosa, a solução do problema. A resposta está ali, basta achá-la.

De fato, toda pergunta ou problema traz consigo sua resposta e solução.

Sempre que se começa a estudar alguma coisa, surge uma espécie de confusão inicial, uma sensação de que não se sabe nada ou, até, de que quanto mais se estuda mais se confunde. Esta fase passa, mas sem se passar por ela não se aprende. É preciso persistir mesmo quando as coisas parecem difíceis.

Entenda a fase da desagregação como parte do processo de aprendizado. Confusão, dúvidas, alguma ansiedade diante do desconhecido, tudo isso faz parte do estudo. Só quem não começa não passa por ela e quem passa por ela se torna competente. Transforme a sensação de confusão e dúvida em curiosidade e desejo de aprender. Lembre-se que do caos surge a luz.

3ª FASE: OS PRIMEIROS ENCAIXES

Os primeiros encaixes, isto é, as primeiras peças que se juntam, consomem um grande período de tempo, quase que certamente o maior de toda a montagem do quebra-cabeça. Se você tiver 500 peças, verá que as primeiras 250 levarão algo em torno de 80% do tempo total da montagem. Com o tempo as peças começam a se juntar quase "sozinhas".

Isto ocorre no quebra-cabeça e em qualquer outro processo de aprendizado: o crescimento inicia em progressão aritmética, próximo do zero, cresce lenta e gradualmente, depois cresce em progressão geométrica, acelera e explode. Mas a luz só surge se existir persistente trabalho até merecê-la.

4ª FASE: OS PRÓXIMOS ENCAIXES

A partir do primeiro, a cada novo encaixe a velocidade de progresso aumenta. Ocorre o fenômeno da agregação cíclica. Quanto mais se agrega (conhecimento ou peças), mais fácil será agregar mais.

Um dos cuidados a serem tomados é evitar encaixes errados. Quando estiver estudando, preste atenção ao que está fazendo. Não adianta pensar no tamanho da tarefa e descurar-se de cada uma de suas partes. Veja o trabalho que dá, na montagem de um quebra-cabeça, o encaixe equivocado de duas peças, veja o quanto ele atrasa o serviço.

5ª FASE: SUCESSO E PRÓXIMOS OBJETIVOS

Se você não parar de estudar, ou de montar o quebra-cabeça, vai concluir a tarefa. Parabéns!

O interessante é que logo vai descobrir que a grande graça da coisa é montar, é estudar e aprender. O ser humano gosta de objetivos. Quando você alcançar seu objetivo, vai poder curti-lo... curti-lo... e planejar quais os seus próximos desafios.

4. MANEIRAS DE AUMENTAR A QUALIDADE DO ESTUDO
4.1. Mudança de Paradigma

Se você está acostumado a pensar em uma prova apenas como aluno, aprenda a mudar esse paradigma. Se um médico, um engenheiro, um advogado e um político virem uma ponte ruir e pessoas se ferirem, é possível que haja quatro modos de avaliar o fato: um pensará em socorro médico, outro em qual foi a falha na construção, outro em ações de indenização e o último em mais um ponto de sua plataforma eleitoral. Isso desenvolverá sua objetividade e senso crítico. Veja a prova como se você fosse um dos membros da banca e como alguém que está preparado para superá-la. Assuma novos papéis e uma nova atitude.

4.2. Humildade Intelectual

Nunca despreze uma ideia nova ou uma opinião sem meditar e refletir.

Nunca despreze uma ideia por causa de sua fonte, por exemplo, por vir de alguém de que você não goste, ou que é pobre, ou que é de outra raça, ou de outra religião, ou de outro estado, ou de outro sexo, ou de outra qualquer coisa. Avalie as ideias pelo seu valor, e não pela sua origem ou roupagem ou por como se apresentam e de onde surgem. Seja humilde para aprender e para ampliar as etapas da evolução intelectual.

> O maior obstáculo ao progresso não é a ignorância e sim a ilusão do conhecimento.
>
> *Daniel Boorstin*

4.3. Resumos e Cores

Ao estudar faça resumos, esquemas, gráficos, fluxogramas, anotações em árvore, mencionados no item a seguir. Organize-se para periodicamente, ao estudar a matéria, reler os resumos que tiver preparado. Uma boa ocasião é fazê-lo a cada vez que for começar a estudar a matéria. Quando o número de resumos for muito grande, divida-os de forma a que de vez em quando (semana a semana ou mês a mês) você dê uma "passada" por eles. Essa revisão servirá para aumentar de modo extraordinário seu aprendizado e memorização.

O uso de mais de uma cor em suas anotações é proveitoso, pois estimula mais a atenção e o lado direito do cérebro. Alguns alunos gostam de correlacionar cores com assuntos ou com referências. Por exemplo, o que está em vermelho são os assuntos mais "quentes" para cair, o que está em azul são exceções, princípios na cor verde, e assim por diante. Dessa forma, as cores também funcionam como uma espécie de ícone.

Uma técnica de memorização que também utiliza cores são mapas mentais.[1]

---

1 Para se aprofundar no tema, recomendamos o livro *Mapas Mentais e Memorização para Provas e Concursos.*

4.4. SQ3R

Morgan e Deese[2] mencionam estudos feitos pela Universidade de Ohio nos quais se identificou aquele que seria o melhor método de estudo: o SQ3R. Nesse sistema nós reaprenderemos a ler, agora não mais em um passo, mas em cinco. Por demorarmos mais tempo para ler com o SQ3R, aparentemente estará havendo "perda" de tempo. Mas isso é só aparência. Embora se leve um pouco mais de tempo, o ganho de fixação é tão superior que compensa com sobras o esforço de aprender esta nova dinâmica de leitura, em fases. É claro que o leitor só usará este sistema quando achar conveniente, ficando ele como mais um recurso disponível.

As duas primeiras fases (S e Q) servem para aguçar a curiosidade mental e dar uma noção do que se busca, servem para "abrir" o cérebro e "arar" a terra onde serão lançadas as novas informações.

As três fases seguintes (3R), que correspondem a três formas diferentes de se ler, equivalem a três momentos de fixação cerebral, um complementar ao outro.

O conjunto facilita o estabelecimento mental de relações e associações, a apreensão, a memorização e a "etiquetação mental".

O SISTEMA SQ3R DE ESTUDO

SQ3R	ATIVIDADE	EXPLICAÇÃO
S	SURVEY (Procura)	É um exame prévio do que se procura. Aqui se cria a curiosidade mental sobre o que será estudado. Funciona como uma preparação para o estudo.
Q	QUESTION (Perguntas)	É realizar um conjunto de perguntas a serem respondidas. É se questionar sobre o que se quer aprender ou buscar.
1º R	READ (Leitura)	É ler o texto para ter noção global. É uma leitura rápida, sem preocupação com a compreensão total. É um "sobrevoo" pelo texto.
2º R	READ (Leitura)	A ideia aqui é a leitura "normal". Nesse ponto já se pode ler com mais calma e procurar entender o livro através de conceitos pessoais.
3º R	REVIEW (Revisão)	Significa rever o texto, verificando-o e procurando fixar os pontos mais importantes e ver se foram sublinhados os pontos principais.

---

2 MORGAN, Clifford T. & DEESE, James. *Como estudar.* 3. ed. Rio de Janeiro: Freitas Bastos, 1969, p. 35.

Revisando o sistema:

1º defina o que você está procurando ou quer aprender;

2º formule perguntas e questões;

3º leia o texto rapidamente, prestando atenção aleatoriamente a termos isolados, lendo os títulos e subtítulos, reparando as figuras, as notas, os termos em negrito. Essa leitura é um "voo geral" sobre o que será lido em seguida;

4º leia tradicionalmente, com atenção, e, se quiser, sublinhando o que achar mais importante;

5º releia o texto, revisando o que for mais importante. Veja se respondeu às perguntas formuladas de antemão. Reforce os pontos de menor fixação.

Mais detalhes sobre as fases do SQ3R

Nos dois primeiros momentos, valorize a mentalização do título, do assunto, da capa do livro, de forma a facilitar a "etiquetação" mental.

Fixe um momento para saber o que se procura e qual será sua utilidade.

Formule perguntas sobre o que se sabe, o que vai ser tratado, o que se quer aprender. Prepare perguntas a serem respondidas. Levante dúvidas. Isso "abre as portas" para a matéria que virá em seguida.

Na primeira leitura, procure apenas a ideia principal, detalhes importantes que sejam rapidamente captados, veja "qual é o lance". Essa primeira leitura é rápida, "descompromissada", sem a preocupação com a compreensão total. É um voo sobre uma floresta antes de descer para caminhar por ela.

Na segunda leitura faça uma análise melhor, a leitura tradicional, comece a tirar suas conclusões pessoais, a criticar, concordar, anotar, sublinhar etc. Esta leitura é o passeio a pé pela floresta.

Na terceira leitura, você já pode sintetizar, resumir etc. Aqui você utilizará e melhorará eventuais anotações rápidas feitas na segunda leitura. Ao final dela você já deverá sentir-se apto a fazer uma explanação sobre o tema. Essa leitura é aquela em que se anota o que ficou de mais emocionante ou importante da visita à floresta, é aquela onde você, novamente do avião, registra os pontos mais bonitos, onde existe esta cachoeira, aquela nascente ou aquela árvore fenomenal etc.

Após terminar o estudo pelo SQ3R, pegue o questionário previamente preparado e veja se já pode respondê-lo. O que você responder é o que já foi fixado. Procure em seguida as respostas para as perguntas que não tiver respondido, o que servirá como excelente forma de aprender e fixar a matéria.

4.5. Estudo por Fases

Um provérbio chinês diz que a maior das caminhadas começa com um único passo. Ninguém corre uma maratona dando saltos de 200 em 200 metros, é passo a passo, por 42 km. No Japão, a faixa preta é a terceira faixa, após a branca (iniciantes) e cinza (iniciados). No Ocidente foram criadas várias faixas (azul, amarela, laranja, verde, roxa, marrom e, finalmente, a preta), pois deste lado do planeta não existe tanta consciência da disciplina e da espera pelos momentos adequados para se galgar um novo degrau. A presente técnica apenas procura lidar com esta característica humana e, mais ainda, ocidental.

Não devemos preocupar-nos com o tamanho da tarefa, nem ainda nos assustarmos com a quantidade de matéria. É só irmos passo a passo (*step by step*) e, de preferência, marcar metas intermediárias.

Se você quer ler 120 livros em um ano, leia 10 livros por mês ao invés de ficar ansioso com o tamanho total da tarefa e acabar não lendo livro algum. Se você ler 10 livros em janeiro, cumpriu uma meta, já teve um sucesso parcial (o que era para se ter naquele período).

Se você não estabelecer metas intermediárias, há o risco de ler os 10, ou 15 livros em janeiro e ainda assim se desanimar pensando nos que ainda faltam!

Para começar a estudar, escolha um bom livro de cada matéria, de preferência de um autor respeitado e com o qual você se identifique (p. ex., goste do jeito de ele redigir). A primeira meta será ler um livro de cada matéria. Só depois parta para a próxima meta, que será reler o livro ou ler outro.

Se você faz cursos preparatórios, de matérias específicas ou módulos, faça resumos e reveja-os periodicamente.

Não se preocupe demais com as coisas. Estude sempre e estude bem, vá por partes, "coma o mingau pelas beiradas", vá montando o seu quebra-cabeça com calma, juntando primeiro as bordas e quinas, fique frio (*keep cool*).

4.6. Ambiente de Estudo

Manter um bom ambiente interno e externo de estudo e fazer intervalos são dois cuidados muito importantes para melhorar seu rendimento e resultados. Por isso, não deixam de ser uma "técnica" para o estudo render mais. Falaremos mais sobre isso em um capítulo específico mais à frente.

4.7. Como Ter o Domínio do Conhecimento: os Objetivos Operacionais

O raciocínio demanda domínio do conhecimento, pois quanto mais se tiver este, mais fácil será aquele. O raciocínio, já vimos, é a capacidade de crítica, avaliação e julgamento, sendo o ápice, o topo do processo de domínio do conhecimento. Para chegar a esse patamar o estudante deve desenvolver progressivamente suas habilidades e isto se faz através de objetivos operacionais. Todo estudo autônomo ou dirigido deve buscar objetivos operacionais, ou seja, tarefas objetivas que o estudante/aluno seja capaz de realizar após a sessão de aprendizado. Não adianta estudar e, ao final, não ser capaz de fazer nada com as informações obtidas. Quando o estudante consegue "fazer" coisas, ele alcança o estágio ideal, chamado de domínio cognitivo.

Existem seis etapas no processo do domínio cognitivo (do conhecimento), como ensinam Johnson & Johnson (1971). São seis fases lógicas, de modo que, se o estudante começar por elas, terá mais facilidade de se desenvolver.

5. FASES DO DOMÍNIO COGNITIVO

1ª) Conhecimento – você repete o que a memória fixou. É a fase mais simples.

2ª) Compreensão – exige memória mais um certo grau de interpretação. Reflete memória + vivência.

3ª) Aplicação – você precisará empregar o conhecimento. Exige memória + vivência + uso.

4ª) Análise – exige reflexão sobre o uso. Você irá analisar e criticar o que ocorreu. Exige memória + vivência + uso + reflexão.

5ª) Síntese – é um momento mais evoluído e complexo. Aqui você internaliza os conhecimentos, aplicando regras e começando a desenvolver conceitos próprios. É uma fase mais evoluída da interpretação. Na fase 2 se interpreta o que existe; aqui a interpretação passa a ser criativa e elaborativa. Você planeja, cria, constrói. Exige memória + vivência + uso + reflexão + construção.

6ª) Crítica ou avaliação (julgamento) – você é capaz de assumir posicionamento crítico diante das coisas. Se o momento anterior é de raciocínio e criatividade interna, este é o de raciocínio e criatividade externa, pois o aluno coloca no mundo (para fora) sua capacidade de analisar e, em seguida, resolver problemas.

O progresso em cada uma das seis fases é verificado através da ação que a pessoa é capaz de realizar. Exige as fases anteriores + capacidade de julgamento.

	FASES	O QUE ABRANGE	VERBOS	a pessoa DEVE SER CAPAZ DE:
1	Conhecimento	Informação verbal	Definir, repetir, recordar, enunciar	Dizer coisas, repetir ou relatar aquilo que aprendeu
2	Compreensão	Informação verbal + habilidade motora	Traduzir, discutir, explicar, identificar, narrar, transcrever	Fazer algo com a informação e com o uso do corpo (falar, fazer, escrever, desenhar etc.)
3	Aplicação	Habilidade intelectual + habilidade motora	Interpretar, esboçar, empregar, praticar, demonstrar	Fazer e pensar sobre o que está sendo feito. É mais do que ter a informação, é pensar sobre ela
4	Análise	Conjunto de habilidades intelectuais	Comparar, criticar, distinguir	Examinar, comparar, experimentar, analisar etc.
5	Síntese	Conceito + aplicação de regras (há a resolução de problemas em um momento interno)	Planejar, organizar, dirijir, compor, coordenar	Esquematizar (reunir, organizar etc.) e saber como solucionar os problemas aplicando as regras conhecidas ou criando novas soluções
6	Crítica / avaliação	Resolução de problemas (em atitudes e ações externas)	Julgar, avaliar, escolher, valorizar, selecionar	Resolver problemas e tomar decisões no meio social com base em regras conhecidas ou com criatividade

Obs. 1: Se fizer tudo isso, sua memorização do estudo será espetacular. Experimente, ao estudar, fazer uma prévia relação de quais são seus objetivos operacionais: o que você quer ser capaz de fazer após o estudo. Procure utilizar verbos das seis colunas, nessa ordem. Ex.: Quero ser capaz de nomear os conceitos, descrever as qualidades etc.

Obs. 2: Para fazer perguntas utilize as seis perguntas básicas para se raciocinar sobre um tema: QUEM?, O QUÊ?, COMO?, QUANDO?, ONDE?, POR QUÊ?

Feliz é o homem que acha sabedoria, e o homem
que adquire entendimento; pois melhor é o lucro que ela dá
do que o lucro da prata, e a sua renda do que o ouro.

Provérbios 3:13,14

Capítulo 12

Técnicas de Estudo de Acordo com as Circunstâncias

A preparação para a OAB, como outros concursos, deve levar em conta o ambiente e as condições que nos cercam para ser, de fato, efetiva. Devemos sempre estar preparados para o estudo, qualquer que seja a situação. Isto inclui as técnicas específicas para o estudo:

sozinho

em grupo

em aulas e cursos

específico para concursos

Há pessoas que estudam apenas sozinhas e têm sucesso em concursos. Embora isso não seja incomum, a maioria estuda também em grupo e/ou em cursos. Por fim, deve-se atentar para o fato de que o estudo para concursos tem algumas peculiaridades que não devem ser esquecidas.

Não existe uma fórmula ideal para se escolher a melhor forma de estudar: ela decorre de nossa individualidade e das circunstâncias. Sendo possível, contudo (é uma boa ideia), fazer uma conjugação do estudo individual, em grupo, cursos, pois todos possuem seus benefícios.

1. ESTUDAR SOZINHO

Ninguém pode prescindir de uma parcela de estudo individual que, inclusive, é um dos maiores impulsionadores de aprovações. Há quem seja aprovado apenas estudando sozinho, mas ninguém é aprovado sem uma boa parcela de estudo individual.

Um princípio do individualismo diz que: você pode amarrar dois pássaros e, mesmo tendo quatro asas, eles não voarão. Há horas em que o estudo em grupo ou em cursos é produtivo, mas você deve estar preparado para, se preciso, voar sozinho.

No estudo individual tem grande peso a dedicação e a disposição para estudar com constância, realizar as tarefas de casa e treinar o máximo possível. Mesmo que você não assimile todas as técnicas de estudo de início, a aplicação de algumas já melhorará seu desempenho e, aos poucos, irá incorporando as demais ao seu sistema pessoal.

No estudo individual é preciso muito cuidado na montagem do cronograma de estudo e para estudar todas as matérias do programa da prova. Tanto quanto possível, é valiosa, ao menos de vez em quando, uma aferição do próprio nível, através de provas, simulados ou de participação em concursos. Isto evita que fique como um eremita, isolado das coisas que estão acontecendo no mundo, nos concursos etc. Há pessoas que, por já estarem em um nível mais adiantado, preferem estudar sozinhas e, uma vez ou outra, matricularem-se em cursos preparatórios para uma revisão e atualização interagindo com os professores e colegas.

Há quem goste mais de estudar em grupo ou em cursos, mas isso nem sempre é possível, o que exige a capacidade de estudar de uma forma ou de outra. De qualquer forma estudar sozinho é uma necessidade.

2. O ESTUDO EM GRUPO

O estudo em grupo pode ser muito proveitoso se for permeado por disciplina bastante para não virar encontro social ou reunião de conversa. Um bom estudo em grupo começa com a formação da "equipe": devem participar pessoas que realmente estejam envolvidas com a obtenção do resultado, de forma responsável e otimista.

Se for possível e se este sistema agradar-lhe, reúna outros candidatos para estudar. O melhor sistema é aquele em que o grupo tem reuniões periódicas, e não apenas eventuais. Cada integrante estuda previamente e sozinho o tema escolhido, depois o grupo encontra-se e discute a matéria, tiram-se as dúvidas e, por fim, decide-se qual será o próximo tema. Cada participante do grupo pode dar aulas para os outros (isto ajuda na fixação) e um corrigir as provas do outro. Dar aulas, inclusive, é uma técnica de estudo conhecida e consolidada.

3. O ESTUDO EM AULAS E CURSOS

Neste item trataremos do estudo em sala de aula e em cursinhos. A graduação em Direito, de certa forma, é o seu principal preparatório para a prova da OAB, mas existem cursos preparatórios para a prova que podem ser muito interessantes, especialmente se você já está afastado das salas de aula há algum tempo.

Os cursos, em geral, oferecem bons professores, pesquisa de temas e questões relativas às provas, cronograma, dicas e macetes, material de estudo específico, aconselhamento etc. que podem ser boas ajudas e de grande valia para o aprendizado e preparação.

Mas existem alguns casos em que o curso não é indicado, por exemplo quando a pessoa está frequentando apenas por pressão externa ou por "desencargo de consciência" sem a devida dedicação. Isto não é produtivo, não adianta.

Em suma, um curso preparatório é um importante e útil aliado, quase sempre muito válido e aconselhável caminho para melhorar sua preparação. Contudo, quem não tem condições de custear o curso (ou conseguir um desconto ou bolsa) nem por isso estará impedido de ter sucesso. Além disso, participar de um curso não é a solução final para o problema. Simplesmente estar matriculado ou frequentando um curso não faz ninguém passar. O que faz o aluno passar é a sua dedicação e o estudo com qualidade. Para isso, os cursos ajudam muito, mas a maior diferença quem faz é o próprio aluno com seu comprometimento e, por que não dizer, esforço individual.

3.1. Alguns Cuidados em Aulas Expositivas

Não despreze a utilidade de estar em sala, ouvindo as novidades, a opinião do professor, tendo um método de exposição da matéria. Na faculdade, o professor seguirá a ementa do curso, no curso peça para que o professor/curso aborde todos os pontos do edital, mas, se isso não for possível, não deixe de estudá-los em casa.

Uma particularidade de cursos é o telepresencial/*on-line* que também pode ser uma boa alternativa. Seja no estudo presencial, telepresencial ou *on-line* o importante é a atenção, a concentração e o estudo sério.

> Se você acredita que pode,
> ou se acredita que não pode,
> você está certo.
>
> *Henry Ford*

Para aproveitar ao máximo sua aula, procure:

1) utilizar as técnicas de estudo;

2) ser pontual e assíduo;

3) respeitar o horário de término dos intervalos e não prolongar as conversas com colegas ou ficar olhando programas;

4) manter a atenção e a concentração;

5) ter, tanto quanto possível, o material didático recomendado (livros, apostilas, códigos, tabelas, calculadoras, fichas etc.) e o "material de escritório" (caneta, lápis, borracha) organizado e à mão.

E evite:

1) conversar ou pensar em assuntos alheios à aula. Há alunos que pensam nas contas, no futebol, em namoro, na paisagem, na roupa das pessoas, no que vão fazer depois da aula, em tudo menos na matéria. Isto não é produtivo;

2) ficar "julgando" o professor ou os colegas. É muito comum alunos quererem dar "vereditos" sobre tudo, desde a competência do professor até a capacidade de o colega passar ou não na prova. Julgue apenas a si mesmo e à matéria;

3) a mania daqueles que, quando perdem a concentração, saem da sala para tomar um café. Isto só piora a assimilação. Mantenha uma garrafa d'água à mão, se quiser.

4. O ESTUDO DIRIGIDO PARA O EXAME

O requisito zero é superar o imediatismo. As providências "iniciais" abaixo descritas pressupõem que o candidato tenha seguido os passos anteriores, isto é, tenha realmente atentado para o conteúdo dos primeiros capítulos desta obra.

Como começar? Esta é uma pergunta comum. Comece assumindo uma atitude correta, definindo seu objetivo, organizando sua vida, planejando seu tempo e aprendendo a estudar. Depois, de posse do seu tempo disponível para o estudo das matérias que serão exigidas, divida seu tempo e comece a estudar. Adquira ou peça emprestado o material básico para o estudo (livros, apostilas etc.). Comece pelos livros mais simples e fáceis de entender, pela legislação e pelos princípios da matéria a ser estudada. Resumos são excelentes nessa etapa. Com o tempo, aprofunde o nível do estudo, momento em que textos comentando a disciplina são os melhores. Se possível, participe de cursos preparatórios. Procure aliar-se a pessoas que tenham o mesmo objetivo, para efeito de ajuda mútua e troca de experiências, evite ficar do lado de pessoas que não acreditam ou não apoiam seus sonhos ou, pelo menos, se não puder ou quiser evitar tais pessoas, foque as conversas com ela em outros assuntos. Mantenha-se em constante atitude de curiosidade e interesse. Procure aprender com os próprios erros e a retirar o máximo de aprendizado da experiência, se você não conseguir ser aprovado na primeira tentativa. Lembre-se de que concurso se faz "até" passar e não "para" passar, e de que quem procura aprender a aprender, estuda e persiste, terá sucesso mais cedo ou mais tarde.

Passemos agora a analisar esses cuidados com mais vagar, verificando as providências iniciais a serem realizadas/tomadas em seus estudos.

4.1. Mantenha seus Documentos em Dia

Monte uma pasta com todos os seus documentos, diplomas, certificados etc. Providencie cópias autenticadas de todos eles, deixando-as prontas para quando for necessário.

Em caso de perda ou furto de documento não deixe de realizar o registro da ocorrência em órgão policial e pedir a substituição. Algumas instituições, a OAB, por exemplo, aceitará a cópia autenticada do documento que se equipare com a impressão do registro da ocorrência como documento de identificação. Nota: esse caso especial só é aceito pela OAB quando o registro tem menos de 30 dias.

4.2. Crie sua Biblioteca

Adquira os livros básicos para seu preparo. Se não puder fazê-lo, providencie uma forma de estudar, através de bibliotecas, escritórios de amigos ou conhecidos, no seu estágio etc. É muito raro encontrar alguém que não tenha boa vontade com um candidato esforçado e que quer estudar. A biblioteca da faculdade sempre é uma boa opção. Mais uma dica: se comprar um livro, leia-o; se não for lê-lo, não compre. Utilize a internet como biblioteca virtual, mas não seja conivente com a pirataria.

4.3. Dicionário

Tenha um ou mais dicionários de língua portuguesa e habitue-se a consultá-los. Se possível, adquira um dicionário jurídico, ou uma obra que contenha explicação para termos jurídicos.

Consultar frequentemente o dicionário auxilia tanto o aprendizado da matéria quanto o desenvolvimento de um vocabulário rico, apto a proporcionar uma excelente comunicação verbal e escrita. Se preferir, só consulte o dicionário na segunda vez que ler o texto para primeiro ter uma noção geral do assunto.

4.4. Inscrição

Tão logo sejam abertas as inscrições, providencie a sua. Não deixe para os últimos dias: não perca tempo nem dê oportunidade para o azar. Deixe prontos todos os documentos e comprovantes do cumprimento dos requisitos exigidos pelo edital.

A maioria deixa a inscrição, documentos etc. para quase no fim do prazo. Além de arriscar imprevistos, isso prejudica a concentração, pois, de vez em quando, uma das atenções do consciente será a preocupação com esses detalhes.

Procure deixar sua cabeça tranquila para prestar atenção ao estudo. Para isso, tome as providências "administrativas" o mais cedo possível.

4.5. Edital

Apesar de ser uma prova sem muitas surpresas, uma atitude importante **é estudar o edital** atentamente. Se o estudo é para o futuro recorra aos editais de provas anteriores. A prova da OAB tem muitos editais facilmente acessáveis. Leia o edital todo, mais de uma vez. Leia várias e muitas vezes o programa de matérias, quase até decorar. Olhe o programa mentalizando o valor e importância daqueles assuntos para você alcançar seu objetivo e crie uma curiosidade profunda e sincera de conhecer e entender cada um daqueles temas. Conhecer o edital lhe trará maior tranquilidade e a curiosidade pela matéria servirá como "arar a terra" para o estudo. Além de dar importantes informações sobre tipos de documentação e materiais permitidos.

4.6. Últimas Provas

As provas das últimas edições do Exame constituem excepcional fonte de informação sobre o que cai mais, como são formuladas as questões etc. Experimente fazê-las simulando o tempo e material de consulta que o edital permite e depois corrija a prova pelo gabarito, sempre conferindo na matéria se ele está correto.

No caso da OAB existe uma grande quantidade de material já que as provas acontecem mais de uma vez por ano. O material para estudo é farto, aproveite-o.

5. A PREPARAÇÃO PARA O EXAME DE ORDEM DURANTE A FACULDADE

O candidato que decide prestar a prova da OAB antes de terminar a graduação desfruta de uma situação privilegiada, na medida em que realiza o exame sem a pressão exercida nos ombros dos já bacharéis.

A família, os amigos, os professores, a sociedade, todos pressionam o examinando que já possui um diploma em mão. Afinal, o exame de Ordem é um processo natural para aqueles que se formam.

Hoje em dia, muitos alunos da graduação têm aproveitado a oportunidade de prestar o Exame de Ordem ainda no último ano do curso e testar seus conhecimentos jurídicos.

Conhecer-se bem, antes de ser colocado à prova no exame definitivo, proporciona um planejamento de estudo futuro mais qualificado ao candidato. Ou seja, na pior das hipóteses, o candidato que não consegue aprovação enquanto graduando, terá uma oportunidade única de diagnosticar suas deficiências e limitações nas disciplinas que compõem o exame. Tudo o que é novidade em nossas empreitadas traz consigo a necessidade de uma energia extra para lidarmos com o novo.

Poderão prestar o Exame da Ordem os estudantes de Direito do último ano do curso ou do nono e décimo semestres. Ou seja, a aprovação nesta etapa de vida é realmente uma grande oportunidade de o estudante curtir com louvor a formatura e as festas comemorativas do encerramento da graduação.

Para aqueles candidatos que foram reprovados antes da conclusão da faculdade, não há problema. Afinal, a conclusão do curso de Direito envolve o TCC e as avaliações finais, sem contar o estágio, que demanda um tempo considerável.

Mesmo o candidato reprovado, acredite, sai ganhando de qualquer maneira. A experiência de ter se entregado ao universo particular das provas do Exame da Ordem terá sido de grande aproveitamento quando chegar o próximo exame e, quem sabe, o derradeiro.

6. A PREPARAÇÃO PARA O EXAME DA ORDEM DURANTE UM ANO

O prazo de um ano para programação do estudo para o Exame de Ordem é muito promissor e deve ser devidamente aproveitado. Aqui, o candidato deve ficar atento a uma tendência comportamental muito forte quando temos um planejamento de prazo: a procrastinação! Aquele contínuo adiamento do início de uma atividade que está muito presente em nossas vidas. Livre-se da procrastinação e desfrute do excelente prazo que você se deu para a caminhada até o objetivo.

Como dissemos, se você quer estudar com afinco durante um ano, terá o tempo ao seu lado. Entretanto, ainda que organize seus estudos para este prazo, não deixe de prestar os exames que serão realizados neste intervalo e não deixe de continuar estudando caso o prazo não tenha sido satisfeito.

A quantidade de matérias, dilema enfrentado pelo candidato que inicia seus estudos para o Exame da Ordem, tem a chance de ficar melhor distribuída durante este período. Independentemente do prazo para o estudo, o aluno, futuro candidato, não deve esperar ter o seu diploma em mãos para conscientizar-se de todo o universo particular que envolve o Exame de Ordem. Aproveite o ambiente de estudo e pesquisa do mundo universitário.

É importante ressaltar que a graduação, quando bem-feita, será uma excelente base de estudo para o candidato. Recursos suplementares, como os cursinhos preparatórios, serão muito melhor aproveitados. Assim, realize uma graduação consciente.

Seu objetivo não virá até você. Portanto, caminhe em direção a ele. Organize seu planejamento de estudo em o que estudar, como estudar e quando estudar!

Ao iniciar seus estudos, resolva a última prova do Exame da Ordem na forma de simulado, ou seja, recrie o ambiente do dia da prova. Não faça consultas. Com o gabarito em mãos você já terá algumas conclusões iniciais dos temas que domina mais ou menos.

A partir daí, comece a colocar em prática a importante técnica de estudo da resolução incansável de provas anteriores. Esta prática traz intimidade com os temas e leva o candidato um passo à frente no caminho da aprovação.

Familiarize-se com os temas e situações-problemas propostos pela banca. Nesse planejamento de estudo o candidato terá um grande prazo para assimilar como pensa a banca e como são elaboradas as provas.

Não encare a resolução de provas anteriores como um suplemento para o seu estudo. Resolver questões anteriores deve ser parte da sua rotina de estudo como atividade imprescindível! A resolução de questões com habitualidade e disciplina permite que o candidato avalie de maneira mais precisa a sua confiança, seus medos e o seu nervosismo perante temas desconhecidos ou de maior dificuldade. Com o passar dos dias, você presenciará os enormes benefícios desta atividade.

Concentre-se no estudo e mais precisamente na disciplina que estiver sendo estudada, evite multitarefas.

Ainda que tenha se organizado para estudar em um ano, não se acomode e nem se iluda com o tempo. Aproveite-o bem para que a quantidade de matérias não seja um obstáculo neste planejamento. A administração do tempo está intimamente ligada ao seu aproveitamento. O tempo de estudo deve ser de qualidade, para que você gaste o mínimo possível assimilando ao máximo os conhecimentos.

Durante suas horas dedicadas ao estudo, tente minimizar ao máximo todos os fatores externos. Conscientize as pessoas de casa sobre a importância deste momento para você. Seja rígido consigo ao lidar com este tema e verá que seus resultados no processo de aprendizagem e memorização serão bem mais consistentes.

Informe-se sobre boa alimentação e, se no período da tarde, notar uma queda de rendimento, procure ajustar seu quadro horário para isso. Na parte da manhã estude disciplinas em que você tem maior dificuldade. Faça pausas quando estiver cansado. Realize alguma outra tarefa que não exija sua concentração focada.

Outro tema importante e relacionado à rotina é a quantidade de horas de estudo por dia. A quantidade não está diretamente ligada à qualidade do seu estudo. Como já dissemos, priorize a qualidade.

Neste processo de autoconhecimento visando ao maior rendimento no estudo para o Exame da Ordem você deve considerar seu perfil. De qual maneira seu processo de aprendizagem e memorização funciona melhor? Ouvindo? Lendo? Enfim, faça suas combinações e aposte no que funciona melhor para você.

Não se esqueça de que a utilização de material atualizado é fundamental. Ou seja, toda a sua legislação deve estar atualizada. Não se iluda, acreditando que temas tão recentes não cairão na prova!

Pesquise especialmente por tópicos da matéria que foram atualizados recentemente.[1] Não somente as leis, mas também as súmulas do STJ e do STF, inclusive as vinculantes. Muitas questões das provas recentes têm se pautado nessas atualizações. O examinador tem uma predileção especial por súmulas recém-publicadas, leis novas etc., exatamente para avaliar o grau de atualização do futuro advogado.

Uma excelente técnica utilizada por muitos bacharéis que passam para a segunda etapa é o estudo aprofundado de algumas disciplinas de forma a garantir um número de acertos para a aprovação. Em outras palavras, algumas matérias são escolhidas para que se estude mais intensamente com o objetivo de acertar o maior número possível de questões. Inclusive, gabaritando a disciplina.

Entretanto a escolha dessas matérias não é feita de forma aleatória. Deve ser pautada na disciplina que o candidato escolheu para a segunda fase. Assim, ele estará estudando de uma vez só para as duas ocasiões. Apostar nesta estratégia pode representar a otimização do seu tempo.

---

1 Falaremos mais sobre isso no item 8: "Descobrindo o que vai cair".

Uma disciplina aqui merece sua atenção: Estatuto, Regulamento e Código de Ética da OAB. Não é à toa que também é conhecida como a chamada Rainha das disciplinas! O plano de estudo aqui deve ser com o objetivo de gabaritar a prova. São muitas questões para pouca matéria, o que irá fazer toda a diferença no somatório dos pontos necessários.

O Estatuto da Criança e do Adolescente e o Código de Direito do Consumidor também não devem ser desprezados, pois são matérias mais diretas.

Faça um investimento especial de suas energias nessas matérias citadas aqui: Ética, ECA e CDC. Muito provavelmente o acerto nessas questões fará toda a diferença na sua aprovação. Todavia, a preparação do candidato tem que ser sistematizada, conglomerando todas as disciplinas e considerando variantes como a quantidade de questões na primeira fase, sua extensão e sua dificuldade.

O candidato que faz o seu planejamento de estudo precisa se antecipar e também utilizar seu tempo para a prática das peças profissionais. Ainda que haja um período de estudo entre o resultado da primeira fase e a segunda fase, a prática da dissertação da peça, o conhecimento doutrinário para as questões e o estudo do Português atualizado não devem ser negligenciados. Tire parte do seu tempo de estudo para tais treinamentos. Não deixe o seu aprendizado para o curto prazo de tempo entre uma fase e outra.

7. A PREPARAÇÃO PARA O EXAME DE ORDEM EM 4 MESES[2]

O candidato que irá prestar o próximo Exame da OAB e pretende se preparar completamente em apenas quatro meses deve considerar o curto espaço de tempo para o estudo de um grande número de disciplinas. O foco aqui deve ser a rotatividade das matérias, de modo que todas sejam estudadas.

Deve-se considerar a quantidade de questões de cada uma delas na prova objetiva, uma vez que matérias específicas exigem conhecimento mais profundo do candidato.[3]

---

2 Reforçamos que o candidato não deve impor um prazo para sua aprovação. As sugestões dadas neste capítulo visam à preparação para uma prova vindoura e como abordar o estudo nesses casos.
3 Para ajudá-lo nesse quesito, disponibilizamos como material complementar desta obra, na página do livro no site da editora o Raio X OAB com incidência de questões de cada assunto dentro das mais variadas matérias.

Para ser aprovado para a 2ª fase, você precisa acertar 50% das questões, ou seja, 40 das 80 questões. Há pelo menos 16 matérias, sendo que nem todas são estudadas em todas as graduações.

Técnicas de estudo, otimização do tempo e capacidade de concentração não fazem parte da grade curricular da faculdade de Direito. Portanto, entre de cabeça nessas estratégias para que todo o seu tempo e sua energia sejam aproveitados da melhor maneira.

Nesse plano, a realização de questões de provas anteriores deve ser contínua e de maneira exaustiva. A intimidade com os temas e a familiaridade com o padrão de perguntas da banca têm um valor inestimável para o candidato.

A frase de referência para o candidato que realizará o próximo Exame é: **faça as provas passadas!** Resolva incansavelmente as provas anteriores. Questões aleatórias de simulados também são de grande valia ao longo do relativo pequeno tempo até a data da prova. A visualização continuada das provas anteriores conduz o candidato a um bom direcionamento no caminho da aprovação. Habitue-se com os temas e situações-problemas da prova.

Ao realizar provas anteriores ou simulados, o examinando deve fazê-lo, algumas vezes, dentro das condições reais do dia da prova. Ou seja, em um ambiente silencioso, sem consulta e em até cinco horas. Minimize o quanto possível as interrupções, mesmo que isto seja uma tarefa difícil.

Entenda como raciocina a banca e como são elaboradas as questões. Lembre-se que na batalha do Exame de Ordem não há concorrência, não há inimigos. É você com você. Por isso, foque exclusivamente no seu desempenho e na sua aprovação.

No processo de qualquer estudo para o Exame de Ordem o estudante deve deixar de lado a multitarefa. Concentre-se no estudo e mais precisamente na disciplina que estiver sendo estudada. Ao começar a análise de uma disciplina, termine. Ao resumir ou ler um capítulo de determinado tema, vá até o fim. Isso lhe permitirá maior rapidez na conclusão dessa etapa, ou seja, você otimizará seu tempo.

A partir da realização da primeira prova, ao conferir o gabarito, o candidato terá uma noção das matérias em que necessita maior atenção e também daquelas em que possui maior domínio. O resultado dará ao examinando um precioso diagnóstico! Ele lhe dará o prumo nos estudos.

Quando não estiver estudando, ou seja, nos momentos dedicados ao lazer, o candidato deve fazer atividades de que gosta, que lhe dão prazer e relaxamento. Lembre-se de que o foco da energia, considerando o fator tempo, deve ser no estudo. Toda a energia, disposição e concentração devem ser dispensados ao estudo.

Não se esqueça de que todo o estudo deve ser realizado com material atualizado! A OAB costuma testar se os futuros advogados estão a par das atualizações no mundo jurídico.

Para o examinando que inicia seus estudos com quatro meses de antecedência da prova, o foco deve estar no processo de aprendizagem/revisão, resolução de exercícios e de provas anteriores. A profunda pesquisa doutrinária é extremamente produtiva e necessária. Entretanto, pode demandar um tempo maior de estudo do que o disponível naquele momento.

Muitos foram aprovados estudando durante quatro meses, então, não perca a esperança. Dedicação e disciplina são imprescindíveis. Se o candidato utilizar as dicas e estratégicas tratadas aqui, certamente seu futuro será promissor.

Se você está se preparando para o Exame de Ordem logo após a faculdade, a boa notícia é que as disciplinas ainda estarão "frescas" na sua cabeça, o que trará certa facilidade no processo assimilativo do estudo. Até por esse motivo é que o estudante de Direito, ao ingressar na faculdade, deve olhar além do horizonte e antever o Exame de Ordem, que certamente será sua realidade em um futuro próximo. Em outras palavras, o estudante de Direito deve ser também um estudante para o Exame de Ordem. O graduando que procura construir uma base sólida durante a graduação terá um aproveitamento maior do seu estudo. A realização de uma graduação focada, atenta e aproveitada irá se transformar em um caminho próspero para o futuro.

8. DESCOBRINDO O QUE VAI CAIR

Use sua técnica de estudo e sua inteligência para ter uma "bola de cristal" indicativa do que o examinador vai fazer e perguntar. Verá que não é muito difícil prever quais serão as questões que irão cair na prova especialmente se você tiver em mãos o que caiu na última.

Considerando o concurso em questão, a estrutura lógica, o fim, as necessidades e atividades do cargo, procure ver as questões que sempre caem e as que raramente aparecem. Veja também as que já caíram há pouco tempo, os assuntos do momento, a "história pregressa", a vida e o raciocínio dos examinadores.

Se você treinar, poderá descobrir o que o examinador vai preferir, quais são suas estratégias, "cascas de banana" e prioridades. Não é uma atividade de adivinhação, é pensar interativamente, é ser inteligente, é colocar sua capacidade intelectual e sua técnica a serviço de seus objetivos.

Experimente reunir um grupo de amigos e preparar as questões que irão cair na prova, você verá que o índice de acerto será impressionante. Por força deste índice de acertos utilizando esta técnica, não é raro que alunos nos procurem para que digamos as questões que irão cair.

Seguem alguns pontos que nos facilitam tal "prognóstico científico":

a) Bibliografia

Você verá que todo o material impresso produzido pelo órgão é uma excelente forma de se descobrir quais são os assuntos do momento e qual a opinião e forma de raciocínio da banca.

b) Assuntos do momento

Os assuntos do momento têm grande chance de aparecerem na prova. Uma das formas de explorá-los é a leitura de noticiários da imprensa e dos órgãos para os quais se pretende concorrer, além de participar de seminários ou cursos.

c) As leis e normas recém-editadas

Constituem outra fonte constante de questões de prova. Por serem novidade, os próprios examinadores possuem interesse nelas: sua validade, suas aplicações. Assim é mais do que natural que elas sejam objeto de perguntas.

d) Estatística

Examine as questões dos últimos concursos.[4] Veja aquelas cujo assunto se repete em cinco ou mais provas, esses assuntos são "quentes",

---

4 Confira, na página do livro, o Raio X OAB criado para ajudá-lo nesse sentido.

os famosos "macetes". Veja os assuntos que caem pouco e que não são indagados há dois ou três concursos: a tendência de serem repetidos é muito grande. Aprenda a descobrir a hora de a matéria cair, para estar esperando-a. Essa é a "técnica da emboscada estatística."

O que as vitórias têm de mau é que não são definitivas.
O que as derrotas têm de bom é que também não são definitivas.

José Saramago

Capítulo 13

Técnicas Específicas de Estudo

O estudo de qualidade é aquele que se baseia na flexibilidade do candidato em descobrir a melhor maneira de adaptá-lo ao concurso que está prestando. A prova da OAB não é diferente. Apresentamos a seguir algumas técnicas e estratégias que recomendamos e que podem ser utilizadas na sua preparação, pois são uma retomada de muitos dos conceitos que já abordamos anteriormente, e aplicados de forma específica na preparação para o Exame da Ordem.

1. TÉCNICAS E ESTRATÉGIAS PARA A 1ª FASE DA OAB

O primeiro dilema enfrentado pelo candidato que inicia seus estudos para o Exame de Ordem é a quantidade de matéria. Como muitos gostam de afirmar, a prova resume-se a "5 anos de faculdade em 5 horas de prova".

A primeira fase, objetiva e de múltipla escolha, é composta de 80 questões, cujos temas compõem a espinha dorsal das faculdades de Direito. Daí a pergunta: Quando começar a estudar para a prova da OAB? A resposta, apesar de intrigante para muitos, não traz nenhum mistério: o estudo para o concurso da OAB inicia-se, de maneira ideal, na faculdade! Isso não significa, no entanto, que a responsabilidade da aprovação esteja exclusivamente nas mãos dos professores universitários. O aluno deve chamar essa responsabilidade para si, o quanto antes. Ou seja, não espere o diploma chegar para iniciar seus estudos.

O estudante de Direito não deve perder de vista a chave de ouro na linha do horizonte, ou seja, a aprovação no Exame da Ordem. Para aquele que constrói uma base sólida durante a graduação, o aproveitamento dos recursos suplementares, como cursinhos preparatórios, será muito melhor. Realize uma graduação jurídica atenta, focada e curiosa. Seja um aprendiz do Direito "vestindo a camisa"!

Ao programar os estudos, o candidato deve primeiramente pautar seu estudo na organização: **o que** estudar, **como** estudar e **quando** estudar!

Em um primeiro momento, resolva a prova mais recente do Exame de Ordem. Não importa se você é veterano ou iniciante nessa caminhada. Resolva a última prova e avalie algumas conclusões iniciais. Em quais matérias você teve maior número de acertos? Quais temas são de maior ou menor domínio para você? Como administrou seu tempo?

A partir daí então comece a colocar em prática essa importante técnica de estudo: a resolução constante de provas anteriores. A visualização continuada das provas anteriores e a intimidade com os temas levam o candidato a um passo à frente no caminho da aprovação. Habitue-se com os temas e situações-problemas propostos pela banca.

Testar a si próprio traz tranquilidade ao sermos testados por outros. Conhecer-se é fundamental para que você possa direcionar seus estudos. Eis o primeiro passo da caminhada.

Outra importante questão é a capacidade de concentração. Somos bombardeados, diariamente, por um volume gigantesco de informações. Aliado a isso, as interrupções externas e continuadas, vindas das mais variadas formas, contribuem ainda mais para a diminuição da nossa capacidade de concentração. Ou seja, temos que processar o dobro de informações, em um cenário que desfavorece a compreensão da metade em meio a constantes interrupções no processo de concentração e assimilação. Busque se concentrar.

O estudo para o Exame de Ordem, considerando a imensa quantidade de assuntos, deve se pautar sobre a concentração no tema estudado, criando um cenário para si de mínimas interrupções possíveis, como telefonemas, conversas paralelas em casa e na internet.

A concentração e o silêncio caminham juntos. Sabemos que os ambientes de estudo são dos mais diversos, conforme vimos mais detidamente no capítulo 8. Temos estudantes pais de família, mães que trabalham e cuidam do lar, enfim, realidades que vão muito além daquelas situações simplificadas do recém-formado, cuja única preocupação é o estudo para o exame.

O foco deve estar presente em nosso cotidiano. Ao focarmos, assumimos o controle de nossa vida, independentemente do que estivermos fazendo. Então, concentre-se, lute contra a falta de atenção!

Isso também é treinamento. Na preparação para o Exame de Ordem, a desatenção tem grande influência na reprovação do candidato.

Certamente a quantidade de estudo tem a sua importância na preparação. Por esse motivo, experimente estudar determinadas horas por dia e faça uma avaliação do seu rendimento. Lembre-se de que tão logo sua cabeça comece a "pousar" em outros lugares você terá encontrado o seu limite. Quantidade e qualidade são dois caminhos que o levarão a um só destino: a sua aprovação.

Importante citar também outra dúvida que persegue o estudante. Quantas matérias estudar por dia, considerando as dezesseis disciplinas que são objeto da prova?

Bem, a essa pergunta basta o seguinte raciocínio: se você estudar uma matéria por dia, passará duas semanas até se encontrar novamente com o tema. Muito tempo, não acha? Isso, claro, se considerarmos que seus estudos serão diários. Mas lembre-se de que no dia da prova você será submetido a todas as matérias, com questões dos mais variados temas, e em um curto período de tempo. Portanto, acostume-se a estudar duas ou mais matérias por dia. Assim, você terá feito a rotatividade completa durante uma semana.

A diversificação dos conteúdos no mesmo dia é importante para se manter a concentração e o processo assimilativo. Uma alternativa é deixar para os finais de semana a resolução de provas anteriores e questões de simulados. Tenha em mente que o seu estudo não estará completo se não houver resoluções de questões. Faça dessa atividade uma técnica de estudo e não somente um *plus*, como já dissemos.

Não deixe de também simular o ambiente do dia da prova. Resolva questões de todas as disciplinas, condicionando seu cérebro a esta atividade. Dê preferência a questões atualizadas, feitas pela banca organizadora do Exame. A resolução de questões é o seu medidor no que se refere ao aprendizado da teoria. Ela lhe dirá a verdade sem meias palavras! Cabe citar aqui os livros de questões comentadas, bastante eficazes no estudo, uma vez que as respostas devidamente fundamentadas na doutrina e jurisprudência possibilitam uma imensa economia de tempo.

Planeje o seu dia desde as primeiras horas da manhã. Habitue-se a essa organização. Você ganhará tempo e evitará o desperdício de energia pensando em atividades pendentes, mas que não precisam ser realizadas naquele específico dia. Definindo o que é importante e urgente você evita a ansiedade e canaliza seu potencial.

Compondo a lista das técnicas de estudo, chega o momento da preparação do ambiente de estudo, mais precisamente de sua mesa. Saiba que a desorganização atrapalhará sua concentração. Crie um ambiente favorável, deixando com fácil acesso toda a legislação, caneta, lápis, papel, enfim, tudo o que compõe a sua metodologia pessoal de estudo. Reconheça o quanto antes que o Exame de Ordem tem suas dificuldades e esteja alerta. Pequenos detalhes vão fazendo a diferença no resultado final. Não subestime esses detalhes e mantenha uma postura o mais perto da perfeição possível.

Faça do seu material atualizado a sua principal ferramenta de estudo. Não deixe que a preguiça ou os pensamentos cômodos o induzam a pensar que determinado assunto não será tema da prova. Pesquise os temas recentes. Não somente as leis, mas também as súmulas do STJ e STF, inclusive as vinculantes. Muitas questões das provas recentes têm se pautado nessas atualizações. O examinador tem uma afeição especial por súmulas recém-publicadas e leis novas. Faça valer a sua dedicação. De nada adiantará o tempo gasto no estudo desatualizado.

Tudo realizado com técnica funciona melhor. Ter um plano de organização e método certamente garantirá ao candidato maiores chances na aprovação, bem como ter sempre material atualizado, conforme já abordamos.

Muitos candidatos, ao relatarem seus planos e técnicas de estudo, utilizam os resumos para maior assimilação. Ou seja, escrevem com suas próprias palavras, criam sua própria explicação ao tema estudado. Isto, além do estudo em si, estará ajudando muito no desenvolvimento da dissertação. Lembre-se que a segunda fase não deve ser perdida de vista. Não somente a peça profissional, mas também as quatro questões subjetivas.

Além dos resumos, a memorização de tantos termos jurídicos é uma tarefa um tanto quanto difícil. Portanto, pratique-a! Crie seu próprio método. Ou seja, crie palavras utilizando os processos mnemônicos que já apresentamos. Esta técnica é muito utilizada quando precisamos memorizar uma grande quantidade de palavras-chave.

Uma disciplina muito relevante é o Direito Constitucional. A Constituição Federal de 1988 é a nossa Lei Maior, a Carta Magna, a base de todas as outras legislações. Todo o universo jurídico é construído ao redor desse principal ramo do Direito. Invariavelmente, as demais disciplinas jurídicas transitam pelas letras da Constituição. Entretanto, para a prova de Direito Constitucional da 1ª fase, apenas alguns artigos da Lei Maior são abordados em questões. O candidato atento e estratégico, conhecedor das provas anteriores, identificará tais temas para otimizar o estudo.

O Direito Ambiental merece uma menção. Mais uma vez vamos lembrar daqueles candidatos que são reprovados por uma única questão, e esta questão poderia ser de uma disciplina renegada e deixada em segundo plano, como o Direito Ambiental.

Claro que a preparação do candidato tem que ser sistematizada, englobando todas as disciplinas e considerando variantes como sua importância na quantidade de questões na primeira fase, sua extensão e sua dificuldade. Tudo isto ainda aplicado ao tempo disponível para o estudo. No que se refere ao Direito Ambiental, o grau de dificuldade dos temas tratados é relativamente baixo e com um conteúdo pequeno. Também é uma prova com frequência de determinados temas, *vide* a resolução de provas anteriores.

É importante destacar, desde já, que as áreas prediletas para a segunda fase são Penal, Civil ou Trabalho. E assim que for feita a escolha para a segunda fase o candidato já pode direcionar seu foco de aprofundamento de estudo na primeira fase. Por exemplo, caso o candidato escolha Direito Penal para a segunda fase, ele deve aprofundar seus estudos em Direito Penal e Processual Penal. Ou seja, uma matéria de direito material e outra de direito processual.

O que queremos conseguir é um estudo pautado numa estratégia sensata. Se o candidato escolhe determinada disciplina para a segunda fase, ele pode estudar antecipadamente esses temas e ainda conseguir um número maior de acertos na primeira etapa.

As matérias mencionadas anteriormente compõem um grande percentual da prova, um pouco menos do que você precisa para ser aprovado.

Faça a complementação da pontuação estudando mais profundamente temas importantes das outras disciplinas, temas que, ao resolver simulados e principalmente provas anteriores, lhe garantirão a aprovação para a segunda fase.

Enfim, tire a primeira fase do caminho. Seja organizado, tenha técnicas e estratégias. Não estude aleatoriamente. Estude com planejamento, estude estrategicamente e a primeira fase da OAB não se tornará um problema para você.

Ao se preparar para a primeira fase, não deixe de lado um aspecto fundamental da sua preparação. Mantenha a vibração da vitória. Seja confiante. Crie uma linha de positividade no seu pensamento nos dias que antecedem o exame. Isso faz muita diferença.

Nos dias que antecedem a prova, procure revisar os temas mais importantes. Leia o Estatuto da OAB e, principalmente, leia a "rainha das disciplinas": Ética. Encerrando o processo de revisão, mantenha uma consciência madura e inteligente: descanse! Procure fazer algo de que goste muito, o que lhe trará relaxamento. Faça uma atividade física leve, fique com quem você gosta, vá ao cinema, ouça boa música.

No dia da prova sempre dê preferência a alimentos leves e não invente "fórmulas mágicas". Coma o que já está habituado para não ter surpresas desagradáveis durante a prova.

Igualmente importante é chegar no local da prova com um razoável tempo de antecedência. Isso facilita a adaptação ao ambiente. Não despreze o conhecimento antecipado do local da sua prova. Investigue o roteiro necessário e se possível visite-o nos dias anteriores. Não deixe para o dia da prova a pesquisa de como chegar ao local: isso é para amadores!

Ao adentrar no local da prova, sente-se na sua carteira e concentre-se. Faça uma avaliação respeitosa de si mesmo. Respeite você e sua trajetória! Cultive o sentimento de missão cumprida. O caminho foi longo e você sobreviveu. Prossiga!

Faça a primeira leitura da prova como um todo. Você pode começar pelas questões de Ética, que devem estar bem frescas. Em seguida, deve partir para as que tem maior domínio para, só então, começar as questões em que tem maior dificuldade.

Outra questão relevante é o gerenciamento do tempo da prova para a finalização com a passagem do gabarito. Um momento de extrema atenção. De nada adiantará seu esforço na questão se ao passar as respostas para o gabarito, rasurar a folha de resposta ou passar as respostas de maneira errada. A anulação da questão no gabarito é causada por mínimos detalhes. Um pontinho ou uma rasura mínima podem comprometer aquela questão. Portanto, separe um tempo razoável que considere suficiente e tenha extrema atenção nessa transposição.

A FGV – banca responsável pela elaboração e aplicação do Exame da OAB até o lançamento desta obra –, ultimamente, tem divulgado o gabarito no mesmo dia da prova, o que irá lhe dar uma perspectiva bem fiel do seu desempenho e permitirá que, das duas uma, verifique o que ainda falta aprender/revisar para obter um resultado melhor, ou já comece a se preparar para a segunda fase.

2. TÉCNICAS E ESTRATÉGIAS PARA A 2ª FASE DA OAB

Após cinco anos estudando e tendo superado a imensidão de provas e trabalhos exigidos na faculdade, o bacharel em Direito somente poderá exercer a advocacia após a aprovação no Exame da OAB. Muitos dos que superam a primeira fase, são barrados na segunda. E não é raro observar que muitos desistem após repetidas reprovações, jogando para o alto todo o esforço no curso de Direito e, muitas vezes, todo o investimento emocional e financeiro. Também não é raro vermos candidatos que já trabalham em escritórios de advocacia e, portanto, dotados de conhecimento jurídico processual, mas que não alcançam a aprovação na segunda fase da OAB.

Esses são indícios de que alguma coisa não está indo bem no planejamento de estudos e/ou na execução do planejamento. O conhecimento das dicas e estratégias não pode ser desprezado e, quanto mais o candidato tiver conhecimento desse roteiro, mais perto ficará da aprovação. Por isso, oriente-se!

Após a comemoração da aprovação para a segunda fase, é hora de iniciar sua preparação propriamente dita. Considerando o intervalo de estudo entre uma fase e outra, algo entre 30 e 50 dias, não há tempo a perder. E nada como a confiança em alta para começar um novo projeto. Acredite e dê o máximo de si nessa empreitada, que é a sua passagem para o mercado de trabalho jurídico. Permaneça confiante, com determinação e disciplina. Como aprovado na primeira fase, você já está na metade do caminho. Interiorize sua vitória até aqui e lembre-se que só falta mais um degrau para conquistar a tão sonhada carteira.

A segunda fase do Exame de Ordem é vocacionada, ou seja, direcionada para uma disciplina específica. Ao fazer sua inscrição, você escolherá entre as disciplinas possíveis. Diferente da primeira prova, a segunda fase é dissertativa. É exigido do candidato a elaboração de uma peça prático-profissional e quatro questões discursivas. Nela, o examinando deve demonstrar, além do conhecimento jurídico, que sabe aplicá-lo aos casos concretos propostos. Para ser aprovado, você deve atingir nota igual ou maior que 6,00. A peça profissional tem peso 5,00 e cada questão vale 1,25 pontos.

Neste momento de preparação, sem a necessidade do estudo de 16 disciplinas, o candidato pode focar toda a sua energia.

Todas as técnicas e planejamentos de estudo aplicados à primeira fase podem e devem ser aproveitados para a segunda, inclusive a resolução de provas anteriores, importante para o conhecimento do padrão de situações-problemas apresentadas. Resolva o maior número de provas anteriores que puder. Você irá perceber que o seu estudo estrategicamente direcionado na primeira fase vai ter valido muito a pena neste momento.

Quanto à peça profissional, desde já fica uma dica: tanto o direito material quanto o processual devem receber atenção. Ou seja, tanto a forma quanto o conteúdo são relevantes. Não se preocupe extremamente com as aparências, menosprezando o direito material.

Muitos examinandos encontram dificuldades na feitura da peça profissional devido à pouca ou nenhuma experiência na elaboração de textos durante a graduação ou mesmo nos estágios. Não é incomum que o "copiar e colar" seja mais frequente e que, por isso, os estudantes não aprendam a redigir, propriamente. Devido ao grande peso dessa redação, não é raro que o candidato que a erra seja reprovado.

Mas a pouca experiência na área e na elaboração de peças não é e nunca foi impeditivo da aprovação. Como cada matéria possui uma lista de algumas peças que são cobradas com mais frequência, o candidato deve dedicar-se a dominar essas poucas estruturas, aumentando consideravelmente a sua chance de sucesso. Dessa forma, se a peça solicitada for uma "das mais comuns", você terá a estrutura na mente e poderá colocá-la no papel com tranquilidade.

Considerando o tempo para realização da prova, é aconselhável o treinamento da produção das peças no papel e não no computador. Esta técnica fará com que você domine e distribua seu tempo para a peça e as questões.

Todas as atenções dos examinadores, no primeiro momento, estarão voltadas para o nome da peça. A identificação correta da peça é vital para as suas pretensões. Além de excluir a possibilidade de uma nota zero, pelo erro da peça, você irá tirar um enorme peso das costas, acredite!

Recorra, portanto, a modelos de peças prontos e principalmente estude seus conteúdos. Familiarize-se com as situações propostas para aquela específica peça, mas nada de decorar modelos sem o devido conhecimento dos caminhos que levaram até ele.

Aqui cabe a lembrança de que existem diferentes modelos da mesma peça profissional. Na verdade são estilos diferentes. Compare-os!

Muitos examinandos desprezam as regras da banca FGV para a peça profissional. Procure se informar das regras básicas. São muito importantes e você deve fazer isso antes mesmo de iniciar seus estudos. Tanto estudo e empenho não podem ser desperdiçados por uma possível anulação da sua prova por desconhecimento das regras desse jogo.

A segunda fase é o momento considerado adequado para o investimento no estudo em cursinhos preparatórios. Além do estudo mais objetivo, muitos candidatos são levados a se matricular em cursinhos movidos pela inexperiência em práticas processuais. Procure cursinhos conceituados e que apresentam maiores índices de aprovação. Mas, sobretudo, faça a sua parte, aproveitando os materiais fornecidos, não faltando às aulas e exercitando a prática das peças processuais. Não desperdice o dinheiro e o tempo investidos.

Atente-se também para o material a ser estudado na preparação para a segunda fase. A doutrina aqui merece especial destaque, uma vez que ela é a base da sua preparação. Separe as melhores doutrinas e aquelas com as quais já está acostumado.

Toda sua fundamentação e desenvolvimento dos temas da segunda fase serão sustentados por seu estudo doutrinário. Livros com questões comentadas também serão de importância fundamental na preparação. E, por fim, um *Vade Mecum* atualizado. Este último, junto com um código menor e específico, são considerados suficientes para a consulta no dia da prova.

Mas não perca de vista que, apesar da consulta permitida, o aproveitamento estará comprometido se você não tiver intimidade com o material!

Uma preparação adequada e satisfatória é aquela fundamentada na doutrina. Só a intimidade com seus livros doutrinários trará a devida segurança no momento de consultar e encontrar o texto legal que fundamente sua resposta.

Manuais de direito material e os manuais de direito processual serão de grande valia para seu desempenho. Além disso, os materiais fornecidos pelos cursinhos preparatórios também são muito úteis e geralmente já trazem temas recorrentes. Aproveite-os.

Quanto à prova em si, seja organizado na construção da profissional. Faça uma letra legível e sem rasuras, cuidando da sua caligrafia. O avaliador não pode encontrar resistências ao corrigir sua prova. Se não tiver uma caligrafia minimamente legível, treine-a. O uso continuado do computador faz com que nos descuidemos disso. Inclusive, faz com que as pessoas se esqueçam de como as palavras são escritas, dada a facilidade do corretor.

O caderno de rascunho é de uso facultativo e muitos consideram sua utilização como perda de tempo. Aconselhamos seu uso, seja no desenvolvimento integral da peça ou apenas nas suas linhas gerais. Nesse caso, faça a estrutura da peça como os dispositivos a serem aplicados, os tópicos, valor da causa e pedidos. Um memento da sua futura redação.

Muitas qualidades da sua peça serão examinadas pela banca, na avaliação da sua prova. Endereçamento correto, narração coerente dos fatos, raciocínio jurídico, indicação correta do artigo e sua fundamentação, pedidos e qualificação das partes e do processo corretos. Enfim, são muitos itens a serem considerados. Não descuide de nenhum!

Diferentemente da peça prática, há maior possibilidade de se gabaritar nas questões discursivas. O candidato atento e preparado não deve desprezar as questões, ao superestimar a peça profissional. Conheça as regras do jogo! Lembre-se que as duas partes da prova têm o mesmo peso! Fique atento na indicação dos fundamentos legais e jurisprudenciais para que você garanta a pontuação máxima em cada questão. Mas, claro, de nada adianta a fundamentação se você não desenvolve o assunto da questão!

Conheça de antemão as regras básicas sobre as questões. Resolva as provas anteriores e fique por dentro dos temas mais visados. Não as deixe em segundo plano, jamais!

Cuidado com a distribuição do tempo da prova dispensado para a peça profissional e para as questões. Muitos incorrem no erro de não atentar para essa preciosa precaução e acabam por deixar uma ou duas questões em branco.

A consulta aos materiais, ausente na primeira fase, não deve ser um artifício que atrapalhe o tempo do examinando. Por isso, reforçamos aqui a necessidade de intimidade com o material de consulta. Você não poderá gastar seu precioso tempo procurando aleatoriamente um tema específico.

Aqui outra questão a não ser esquecida: **NÃO identifique o caderno definitivo da prova**. Muitas notas zero e desclassificações acontecem a partir desse deslize.

No dia da prova, olhe para trás e examine carinhosamente sua trajetória. Pense que chegou a hora de todo o esforço valer a pena. Trate-se bem neste momento. Respeite-se. Reconheça o seu esforço. Pense no que funcionou na prova da primeira fase e reproduza a estratégia emocional vencedora neste momento. Não permita que a ansiedade e o nervosismo o atrapalhem nesta última etapa.

Como em muitas empreitadas na vida, acreditamos que no Exame de Ordem a relação sucesso/dedicação é diretamente proporcional. Ninguém e nada tirará de você a aprovação se estiver fortemente preparado.

Capítulo 14

Como Aumentar o seu Desempenho

1. SUA ATITUDE

Antes de mais nada, recorde-se de tudo o que já foi dito até aqui a respeito de atitudes, prazo para passar e otimização. Com isso na bagagem, seu desempenho em provas irá crescer. Logo de início, vamos tocar em alguns pontos de grande influência, que não precisam ser decorados. Basta que você assimile a ideia de cada um deles.

Aumentar o desempenho em provas depende de atitudes e técnicas. A atitude é a primeira técnica para fazer uma boa prova. Por motivos didáticos, contudo, falarei primeiro sobre atitude para a prova e, em seguida, sobre (as demais) técnicas de fazer provas.

AUMENTO DE DESEMPENHO
boas provas = atitude + técnica

Devemos cuidar de três aspectos: atitudes, comportamentos e resultados. Atitude é o que está em sua mente (o campo onde as batalhas são vencidas), comportamentos são as coisas que você faz (as técnicas que ensinaremos neste capítulo vão ajudá-lo) e os resultados são a consequência do que você faz ou aperfeiçoa. A mudança de atitude deve gerar mudança de comportamento e, quando você muda seus comportamentos, propicia mudanças em seus resultados.

A atitude para fazer a prova é essencial. A maior parte dos candidatos acredita que uma prova é um momento ruim, de problemas e que causa frustrações. Naturalmente, para esta pessoa a prova tenderá a ser... exatamente isto. Outras pessoas, os candidatos que, por natureza, preparação ou treino, já estão mais aptos a vencer uma prova, olham o "fazer provas" com naturalidade, calma, simplicidade ou, no melhor dos casos, como uma excelente oportunidade, um privilégio. Quem percebe a prova como oportunidade e privilégio faz uma prova muito melhor. E, para tanto, basta tomar ciência da realidade, realidade esta que vamos rever agora.

Se você quiser melhorar seu desempenho em provas, lembre-se que:

1. seu desempenho é influenciado por seu passado;
2. as técnicas aumentam a nota, qualquer que seja seu estágio de preparação e conhecimento;
3. o resultado da prova, qualquer que seja ele, é o ponto de partida para seu sucesso;
4. o paradigma correto é essencial.

Mas, para compreender como cada um desses elementos influenciam na hora da prova, falaremos a seguir sobre cada um deles em particular.

Para ter um acréscimo de rendimento em provas, é evidente que o candidato deve se preparar antes. A prova é o dia de colher aquilo que você vem plantando com tanto esmero. Se a colheita for ruim, bastará mudar seu processo de semeadura, as sementes, a forma de trabalhar o que for preciso para ter um colheita vasta. **Seu desempenho é influenciado pelo passado.**

Dito isso, o primeiro passo para uma boa prova é preparar-se bem. Se você se preparou, relaxe; se não se preparou, faça a prova da melhor forma que puder e comece a se preparar mais para a próxima.

As técnicas aumentam a nota, qualquer que seja seu estágio de preparação e conhecimento. Apenas uma minoria bem pequena aplica técnicas de estudo e realização de prova na sua preparação. Quem as aplica faz uma prova muito melhor. Você pode fazer parte dessa elite. O interessante é que as técnicas aumentam a nota em um determinado percentual. Daí, quem tiraria 20 sem técnica, tira um 30 ou 40; quem tiraria 50 ou 60, passa para um 70. Não importa o quanto você já sabe da matéria: aplicando as técnicas, suas notas aumentam. Então, amigo, aplique as técnicas!

Não se preocupe em decorar todas as técnicas/matérias. Isso se pega com o tempo. Use, claro, as dicas mnemônicas. A cada prova verá que ficará mais fácil e natural usar as técnicas.

O **resultado da prova, qualquer que seja ele, é o ponto de partida para seu sucesso.** Se você passar na prova, ótimo. Se não passar, lembre-se que a prova é um laudo pericial que vai lhe dizer onde deve melhorar. Assim, embora resultado do quanto você se preparou e de quanto usou bem as técnicas de prova, um insucesso é mais do que um insucesso. Um insucesso em uma prova lhe oferece as dicas para melhorar. Sob esta ótica, mesmo o insucesso é proveitoso para seus planos.

A capacidade de mudar a forma de avaliar um resultado insatisfatório pode ser a diferença entre vencer ou não no futuro. Se você vê o lado ruim, desanima; se percebe o lado positivo, aprende e amadurece.

Todo mundo vai fazer a prova para passar, mas isso não é a melhor estratégia. A ideia de que "concurso se faz não para passar, mas até passar" é importante. **O paradigma certo é essencial.** Ela se aplica ao conjunto de todas as provas até você chegar aonde quer. A ideia complementar é a mudança de parâmetro (paradigma) que lhe sugiro: a partir de hoje, não chegue à prova com a obrigação de passar; apenas com a obrigação de dar o seu melhor, de fazer a melhor prova possível.

Ninguém pode se obrigar a passar: isto depende de muitos fatores, é imponderável. O que você pode pedir de si mesmo, e isto será muito mais produtivo, é fazer a melhor prova que lhe for possível em suas circunstâncias e condições daquele dia. Como dissemos, se passar, bom; se não passar, vamos nos preparar para que, na próxima, o seu melhor seja o bastante ou, ao menos, mais próximo.

Se você for capaz de mudar este paradigma, terá melhores condições psicológicas e emocionais para fazer a prova, o que aumentará seu desempenho, sua nota.

Um candidato que estudou com qualidade e treinou fazer provas, que não chega com a obrigação de passar, mas para fazer o melhor possível, é um candidato que terá melhor desempenho. Durante algum tempo, suas notas não serão o suficiente para passar, mas, quando cumprir a quantidade certa de tempo (maturação e preparação) e trabalho (aprender a estudar, estudar e treinar), ele será aprovado.

Cuidado. Tem gente que não progride porque está fazendo algo errado, e os casos mais comuns são: não fazer as mudanças necessárias, não pagar o preço, não se organizar, não ser disciplinado, não estudar, ficar enrolando etc. Neste caso, não haverá progresso sensível e pode haver muita frustração. Até quem faz as coisas do jeito certo, ou seja, quem vai melhorando aos pouquinhos e sempre, também vai passar um tempo não sendo aprovado ou não conseguindo entrar na lista de nomeados ou convocados para as próximas fases. Isto é assim mesmo, não desanime. Você verá que, se continuar progredindo e fazendo concursos, a cada dia irá cada vez melhor nas listas de aprovados, chegando mais perto da nomeação.

Às vezes um pouco menos, às vezes um pouco mais, cada dia, um dia. E se isto não acontecer comigo? E se não for melhorando?

Resposta: se não acontecer, é porque você ainda não desenvolveu o suficiente as técnicas de estudo e de fazer provas, porque ainda não deu tempo de colocar toda a matéria na cabeça ou porque ainda não cumpriu o seu tempo de preparação.

Se quer melhorar seu desempenho em provas, chegue até elas com a atitude correta. A aprovação é o resultado de atitude + estudo + treino + tempo de maturação.

> Hoje é outro dia.
> *Mario Quintana*

2. FAZENDO PROVAS

A realização de provas exige cuidados específicos para cada momento, que serão objeto de nossa atenção a partir de agora. Cada fase da preparação ou da prova tem suas técnicas. Não se assuste, achando que são muitas: como a técnica ajuda, quanto mais técnicas melhor. Ao final deste capítulo, deixarei um resumo para você utilizar no dia da sua prova.

No momento, relaxe e leia essas dicas sem estresse. Leia curtindo. Afinal, você gosta de fazer provas. Ou não? Esperamos que goste... pois só fazemos bem aquilo que curtimos.

2.1. A Técnica da Prática: Aprenda a Fazer, Fazendo

Aconselhamos o leitor a treinar o mais que puder a realização de provas. A experiência constitui um excelente trunfo na hora de um campeonato ou de uma prova.

Esta é a grande dica: faça provas. Os cursos que mais aprovam são os que levam seus alunos a treinarem fazer provas, os candidatos que passam são os que treinaram fazer provas.

Para fazer provas, existem duas maneiras: simulados e provas reais. O ideal é que o candidato faça as duas, ou seja, que treine fazer provas e questões e que se inscreva na prova que deseja prestar.

Para os simulados, recomendamos a você resolver questões e provas da matéria que estudou, como forma de fixar o conteúdo pode fazer provas antigas. Periodicamente, fazer um concurso simulado, reprisando o tempo real da prova, o uso apenas do material permitido e, claro, utilizando provas de concursos anteriores quem sabe você simplesmente não passa? Outra dica boa é fazer os simulados filantrópicos cada vez mais comuns nos cursos preparatórios ou simulados *on-line*.

Há pessoas que deixam de fazer uma prova por não se considerarem "preparadas" e deixam de adquirir experiência e até mesmo, algumas vezes, ser aprovadas. Mesmo que ainda esteja começando a se preparar, vá fazer as provas. Se for para alguém dizer que ainda precisa estudar mais um pouco antes da aprovação, deixe que a banca examinadora o faça. Quem sabe o dia da prova não é o seu dia? Asseguro que, pelo menos, irá adquirir experiência, ver como está o seu nível, como é estar "no meio do jogo". Ao chegar em casa, confira o gabarito e procure nos livros as respostas: a fixação daquilo que pesquisar nessa ocasião é sempre muito alta. Analise o gabarito e, se for possível, participe da vista de prova. Se o resultado for abaixo de sua expectativa, não desanime: apenas continue estudando e agregando conhecimentos. A coisa funciona assim mesmo: a gente normalmente "apanha" um pouco antes de começar a "bater".

Treine em casa. Mesmo que você não tenha como fazer as provas reais, é possível adquirir boa parte dessa experiência em casa, treinando. Reúna provas anteriores ou comercializadas através de cadernos de testes e livros, separe o material de consulta permitido pelo edital, consulte o número de questões, o tempo de prova etc. E faça a prova! Tente simular uma prova do modo mais próximo possível daquele que irá encontrar no dia do concurso. Aproveite esses "simulados" para aprender a administrar o tempo de prova. Se os cursos preparatórios oferecerem provões ou simulados, participe.

Treinos especiais. Depois de algum treino, passe a ficar resolvendo mais questões por um tempo um pouco maior (p.ex., uma hora a mais) do que o que terá disponível no dia da prova, o que serve para aumentar sua resistência. Outro exercício é resolver questões em um tempo menor, aumentando a pressão. Por exemplo, se a prova tem cinco horas para 80 questões de múltipla escolha, experimente tentar responder esse número de questões em quatro horas ou três horas e meia. Em seguida, responda a outras questões até completar o tempo das cinco horas. Se você está acostumado a resolver questões com uma pressão maior do tempo e com uma longa duração, ficará mais à vontade em provas em condições menos severas. Contudo, à medida que a data da prova for se aproximando, passe a realizar mais provas simuladas em condições absolutamente iguais às que você irá enfrentar. Desse modo não terá mais pressão do que o necessário que, unida à tensão da prova em si pode prejudicá-lo.

Dicas Importantes

- Fazer provas é bom, é gostoso, é uma oportunidade. Conscientize-se disso e enquanto a maioria estiver tensa e preocupada, você estará feliz e satisfeito. Um dos motivos pelos quais eu sempre rendi bem em provas é porque considero fazer provas algo agradável. Imagine só, às vezes a gente vai para uma prova desempregado e sai dela com um excelente cargo! Mesmo quando não passamos, a prova nos dá experiência para a próxima vez. Portanto, comece a ver, sentir e ouvir "fazer prova" como algo positivo, como uma ocasião em que podemos estar tranquilos, calmos e onde podemos render bem.

- A simplicidade e a objetividade são indispensáveis na prova, ladeadas com o equilíbrio emocional e o controle do tempo. Para passar lembre-se que você precisa responder aquilo que foi perguntado. Leia com atenção as orientações ao candidato e o enunciado de cada questão. Se possível, faça um roteiro de respostas levando em conta as que já sabe e aquelas com que não tem muita intimidade e nada de ficar para sempre em uma só questão!

---

3. COMO SE PREPARAR EM VÉSPERAS DE PROVAS

Ao contrário do que se pensa, a véspera da prova não é um único dia do calendário. Existem pelo menos três vésperas, de modo que aquele que se preocupa apenas com a terceira véspera, chega nela com menos preparo do que aquele que compreende as três:

1ª Véspera – O dia zero
2ª Véspera – Proximidade da prova (mês ou semana)
3ª Véspera – Dia anterior à prova ou série de provas

Em todas é conveniente que você controle o estresse e a tensão, por meio das técnicas descritas ao longo deste trabalho. Mas vamos às vésperas:

Véspera 1 – O Dia Zero

A véspera de prova começa quando se decide ter sucesso no exame, já que é a partir daí que se faz preciso o conjunto de atitudes e procedimentos direcionados à obtenção de rendimento e resultado satisfatórios.

Véspera 2 – O mês e a semana da véspera

Como a prova consiste em 16 matérias, o mês anterior deve ser destinado a revisões. Programe-se para isso.

Nas revisões utilize os resumos, mapas mentais e esquemas que tenha preparado durante o estudo. Qualquer que seja a matéria, dê bastante atenção aos seus princípios básicos. Em suma, este período é para rever resumos e princípios que regem as disciplinas abordadas.

Simule todas as condições da prova: hora de início da prova, duração, quantidade de questões, tudo o mais parecido possível com a prova real. Se quiser, marque com amigos, por exemplo, para juntos fazerem um simulado no sábado. Depois de fazer a prova, corrija-a, sozinho ou com um grupo.

Se sua resposta não coincidir com a do gabarito, procure na matéria para ver se ele está correto. Não é ruim, antes é bom, questionar a correção do gabarito, pois esta é uma atitude de estudante ativo e dinâmico, ao invés de passivo e estático. Essa operação também auxilia na memorização.

Nada atrapalha mais uma prova do que problemas afetivos ou familiares, que podem derivar ou ser motivo de tensão. As vésperas 2 e 3 não são ocasiões para resolver diferenças, traumas, mágoas ou ressentimentos. De preferência, nesse período seu próximo sempre tem razão, ou seja, não discuta. Nesse ponto vale repetir um ensino de Provérbios 15:1: "A resposta branda desvia o furor, mas a palavra dura suscita a ira".

Resolva seus problemas relacionais (família, parceiro amoroso, trabalho) durante a véspera 1 e/ou após a prova, de preferência de forma pacífica e negocial, já que "um mau acordo é melhor do que uma boa briga". Para passar em um concurso é necessário amadurecer seu conhecimento da matéria, mas também amadurecer seu lado emocional.

A Véspera 3 – Um ou dois dias antes da prova

Ao invés de estudar, descanse e relaxe. A maioria dos candidatos de primeira viagem estuda na véspera, mas esta não é a melhor técnica. Se você está bem preparado não precisa se estressar na véspera; se não estudou e a matéria é extensa, estudar na véspera não vai ajudar, pois a probabilidade de você estudar o que vai cair não vale o custo psíquico-emocional da tensão de se estudar tão em cima da hora.

O candidato bem preparado e que domina as técnicas sobre como fazer provas usa a véspera 3 para relaxar, com o que chega na prova em melhores condições psicológicas. Isso é preparo emocional! O candidato que não estudou ou que não consegue controlar sua ansiedade, ao estudar de véspera age como um franco-atirador carente da sorte e no mais das vezes apenas aumenta sua tensão.

Se você é daqueles que insistem em estudar de véspera, experimente seguir meu conselho uma vez e veja o bom resultado da técnica.

Quer dizer então que eu estou proibido de estudar na véspera? Com certeza a resposta é não. Você é livre para fazer o que achar mais conveniente. Todo sistema de estudo deve ser flexibilizado e adaptado à pessoa. Há quem fique mais estressado por não estudar. Esta pessoa deve tentar relaxar e não estudar para experimentar um novo padrão, mas se não se adaptar, que estude e não fique ansioso por não estar estudando. Você precisa experimentar as duas formas e ver em qual se encaixa melhor. Agora, se for estudar, faça-o de um modo tranquilo, descontraído, leve. E depois de estudar, descanse e durma cedo.

3.1. Lazer

Já que o dia é para descanso e lazer, curta-o da melhor maneira que puder imaginar, seja sozinho, seja acompanhado. O único cuidado é evitar exageros, dormir tarde demais ou coisas do gênero que vão afetar as atividades que não são de lazer. Evite programas cansativos ou que possam trazer algum problema. Por exemplo, se for jogar bola, tome cuidado para não se contundir. Se for à praia, filtro solar e hidratação.

Não é só no dia anterior que o lazer pode ser útil: ele pode começar um pouco antes. Se você vem estudando com afinco, estes últimos dois, três ou quatro dias podem ser de descanso. Há candidatos que rendem muito mais quando estão despreocupados. É a excelente "receita" da calma com atenção. Viajar um pouco antes da prova ajuda a criar esse relaxamento, mas isto só é possível quando há a combinação de estudo metódico durante algum tempo com um bom relaxamento próximo da prova. Em resumo, um pouco de descanso a mais na "reta final" e uma dose de despreocupação (para o que o lazer pode contribuir) é uma boa técnica para se fazer provas.

3.2. Concentração

Entre em ritmo de "concentração" como se fosse um atleta perto do jogo ou competição. Diga para si próprio o quanto tem se preparado e esperado pela oportunidade de fazer a prova. Veja, sinta e ouça o som desses momentos preparatórios e que antecedem o grande dia. Crie uma expectativa agradável, mentalize imagens positivas de tranquilidade e de calma para na hora da prova lembrar-se da matéria. Programe-se para aquilo que quer que aconteça ao invés de se programar para o que não quer que aconteça, a reprovação, por exemplo.

3.3. Roupas

Escolha as roupas confortáveis e simples que vai usar no outro dia. Elas devem ser compatíveis com os costumes vigentes no local e com a discrição que se espera de um candidato. Quanto menos aparecer, melhor. Roupas provocantes ou chamativas devem ser evitadas. Vá sempre preparado para uma mudança brusca de temperatura: nada pior do que morrer de frio ou de calor na hora da prova.

3.4 Alimentação e Sono

Não comemore a véspera com alimentos pesados, evite aquela feijoada, cozido, aquela sopa esquisita, aquela refeição pesada e gordurosa com tudo que sobrou na geladeira. Evite alimentos ou restaurantes com os quais não está acostumado, para evitar algum desarranjo intestinal. A alimentação deve ser leve e energética, estando liberados, desde que sem excesso, massas, chocolates e doces. A ideia da véspera já começa a ficar mais agradável...

Eventual insônia na véspera é resultado de tensão. Acabe com ela e não terá maiores problemas para dormir. Se a insônia persistir, não tome remédios, procure resolvê-la com o exercício de alguma atividade que libere seu estresse, como ler um livro, ver um filme tranquilo ou até rever uma vez a matéria. Mas não perca a hora! Fazer a prova cansado pode colocar a perder toda a sua preparação.

3.5. Material para a Prova

Separe tudo o que vai levar no dia seguinte, como cartão de inscrição, identidade com foto, caneta azul ou preta e o que mais você for usar para fazer a prova.[1] Uma régua pode ser útil para a marcação do cartão de respostas, mas você sempre pode utilizar o próprio caderno de perguntas para ajudá-lo na marcação. Para a segunda fase, separe o material de consulta permitido com antecedência. Se ele for pesado, providencie meios para carregá-lo sem muito esforço, como carrinho para compras e malas com rodinhas. Não é aconselhável usar carrinho de mão nem "escravos" (namorados ou pais, por exemplo), já que esses últimos não podem acompanhá-lo após o portão de entrada.

O material "de escritório" deve ser de pelo menos dois ou três de cada, para o caso de uma unidade não funcionar.

Algumas pessoas gostam de acreditar na "caneta da sorte". Como já foi dito, quanto mais se estuda, mais sorte se tem. Por via das dúvidas, tenha várias "canetas da sorte", porque a chance de a tinta desta caneta, que você mais usa, acabar é muito grande para você não considerar em um momento tão importante.

Há quem prefira deixar todo o material pronto com uma semana de antecedência, o que não é má ideia.

---

1 No caso específico da prova da OAB não é permitido o uso de lápis, lapiseiras, borrachas ou corretivos de qualquer espécie. Então, por via das dúvidas, evite levá-los. Também não são permitidos aparelhos eletrônicos, relógios, óculos escuros e acessórios de chapelaria. O que puder evitar levar, evite, o que não puder será colocado em um envelope pelos fiscais na sala.

Outro instrumento bastante útil é o *check-list*.[2] Faça uma lista com todas as coisas que precisa levar. À medida que as for colocando na mochila, vá marcando na lista. Guarde a lista de um concurso para o outro e vá aperfeiçoando-a, anotando tudo o que sentir falta na hora da prova.

3.6. Lanche e Remédios

Separe remédios para dor e para diarreia, bem como para eventuais problemas pessoais de saúde, como aqueles para crises renais, colírio para irritação dos olhos, apetrechos femininos etc. Leve remédios em quantidade suficiente para, se preciso, ajudar alguém. Para não ter dor de cabeça, o melhor remédio não é um comprimido, mas a paz de espírito.

Além dessa "farmacinha", providencie o tradicional lanche, para não sentir fome ou sede no meio da prova. Leve água ou outro líquido que lhe apeteça, como Guaravita, mate, Gatorade, Toddynho, refrigerantes e sucos. Separe também chocolates, biscoitos, balas, barrinhas de cereal ou o que mais lhe agrade e seja prático de levar e ingerir. Nada pior do que derramar iogurte de morango em cima da prova... Uma dica, para não ter de beber água quente, por exemplo, no meio da prova é deixar uma garrafa meio cheia no congelador um dia antes e antes de sair de casa, completá-la com água fresca. O gelo vai derretendo e a água ficará mais agradável para beber.

Acondicione todo esse material de modo razoável para não parecer um "farofeiro" indo à praia. Sacolinhas para não ter uma mochila encharcada e para acondicionar seu lixo ao final da prova devem ser prioridade em sua lista. Lembre-se que as bancas preferem embalagens transparentes.

4. CUIDADOS NO DIA D
4.1. Amanhecendo

Ao acordar diga para si mesmo que este é o grande dia. Estique-se na cama por alguns momentos (espreguice-se). Se você não usa barba, não deixe de – com todo carinho e cuidado do mundo – fazê-la. Os cuidados

---

[2] O *check-list* de dia de prova e o de véspera também estão disponíveis na página do autor William Douglas: <http://www.williamdouglas.com.br>.

corporais e de aparência, desde que não tomem tempo exagerado, são excelentes maneiras de começar bem o dia e a prova. Não deixe para tirar a barba no dia da prova, por exemplo.

Tome um bom café da manhã, reforçado, mas não exagerado ou gorduroso. Ingira alimentos energéticos, de preferência naturais.

Uma atividade física leve (com a qual você já está acostumado), mesmo que de curta duração (10 a 20 minutos) pode ser extraordinária se realizada na véspera e no dia da prova, logo que você acordar. Dar uma volta no quarteirão, pedalar, fazer alguma ginástica, alongamento ou algum outro exercício ativam a circulação, a oxigenação do cérebro e dão disposição. Não exagere para não ter uma distensão. Se costuma tomar café na rua, vá em lugares conhecidos e nada de comer rissole ou coxinha. Frituras antes da prova podem ser uma combinação ruim.

4.2. Deslocamento e Horário

Acorde cedo. Como já dissemos, previna-se tendo o dobro do tempo suficiente para se aprontar e chegar no local da prova. Se necessário, vá dormir mais cedo na véspera. Prepare-se para um engarrafamento, um pneu furado e mais alguma coisa. Reserve o tempo de deslocamento suficiente para chegar na hora mesmo que os três problemas se sobreponham. Se vai de carro, desde a véspera já deve ver como ele está e verificar estacionamento próximo ao local. Se vai de ônibus, previna-se contra seus costumeiros atrasos. Nada pior do que uma pessoa que perde a chance de fazer uma prova por falta de precaução.

4.3. "Cola"

A "cola" é um recurso ilegítimo, imoral e ilegal (Lei nº 12.550). Quem é reprovado em uma prova por errar a questão pode fazer quantos outros concursos quiser. Uma eliminação por causa do uso de meios ilícitos pode prejudicar todos os próximos concursos. Portanto, nada de cola.

4.4. Concentração

Procure tranquilizar-se e respirar com calma. Isso ajuda o cérebro a trabalhar no estado alfa, que permite melhor desempenho.

Imagine a prova como um momento agradável: a oportunidade de mostrar seus conhecimentos, sua habilidade. A prova é a oportunidade para se alcançar o sucesso ou, se não for dessa vez, adquirir grande experiência.

Não deixe ideias ou imagens negativas ou de ansiedade tomarem conta de seus pensamentos. Se tais ideias vierem, diga para si mesmo que você se preparou, que lembrará na hora o que cair na prova e que está ali para fazer o seu melhor. Chacoalhe essas ideias para longe e volte à prova.

Evite companhias ou grupos que ficam falando da matéria ou jogando conversa fora. Vá para seu canto e procure entrar em um estado agradável, de atenção sem tensão. Você pode aguardar o ingresso na sala junto com amigos desde que a conversa seja leve, boa, sem estresse. Ao ingressar na sala, procure ir logo para seu lugar.

> Quem decide pode errar.
> Quem não decide, já errou.
>
> *Herbert Von Karajan*

Procure evitar sentar-se perto de pessoas muito falantes ou nervosas. Verifique se a sala tem ventilação para ficar em um bom lugar, nem muito quente e nem muito frio. Não se esqueça de sempre levar uma roupa de frio (casaco ou blusa de mangas). Veja se recebe incidência de luz solar a fim de evitar expor-se diretamente. É bem desagradável fazer prova com sol nos olhos. Se possível, coloque uma cadeira à sua frente ou ao lado para facilitar o manuseio de material de consulta, quando permitido. Há quem goste de ficar no final da sala para evitar ser atrapalhado por eventuais (e indevidas) conversas entre os fiscais.

Devo estudar enquanto aguardo o início da prova? Não. Não faça como muitos que passam a véspera estudando até tarde, tomam café com um livro no meio do pão, sentam-se na sala e ficam, estressada e desesperadamente, "engolindo" livros para tentar pegar mais alguma coisa. Esse estado emocional não é produtivo. É até possível que, por sorte, a pessoa leia alguma coisa da prova, mas em um universo grande de matérias a probabilidade de isso ocorrer é pequena. A perda de tranquilidade prejudica o rendimento do cérebro.

4.5. Lidando com o Cansaço

Um dos fatores que mais prejudicam os candidatos é o cansaço físico e mental, que é muito comum. Dependendo da resistência do candidato, isso ocorre em provas mais curtas, como a prova da OAB tem cinco horas, prepare-se para a jornada.

Se o candidato já se adestrou para "aguentar bem" um período de estudo mais longo, a tendência é ser mais fácil resistir ao tempo de prova. Além disso, tem muita influência a imagem mental do que é uma prova. Se o candidato a considera algo ruim, uma hora já é muito tempo; se a considera como algo bom e agradável, certamente sua resistência será muito maior porque quando gosta de fazer alguma coisa o tempo passa mais rápido e você o aproveita mais.

Para enfrentar o cansaço, há algumas técnicas, que acredito que ajudarão. O mais importante, no entanto, é a realização de intervalos. Para isso:

a) mantenha uma postura adequada ao sentar, o que evita dores e cansaço precoces;

b) quando começar a sentir cansaço, estique os braços, as pernas, mexa o pescoço em várias direções. Mexa-se. Esse é o relaxamento corporal, que ativa a circulação e diminui os efeitos do cansaço. Outra forma de "ativar" o corpo é forçar os músculos como se estivesse levantando pesos em uma academia de musculação. Imagine-se "malhando" e faça o esforço do seu músculo trabalhando com seu próprio músculo. Você verá que isso funciona muito bem;

c) mentalize o quanto a prova é importante e prazerosa para você, o que diminui os efeitos do tempo;

d) se quiser, peça para ir ao banheiro. Andar um pouco faz bem. Cuidado para não perder muito tempo de prova nesse recurso. Se for ao banheiro, aproveite para já fazer coisas que eventualmente pode dar vontade depois e não deixe de dar uma lavada no rosto para aumentar o moral. Outro recurso mais radical é dar uma escovada nos dentes. É uma boa estratégia, especialmente antes da marcação do cartão, logo após finalizadas as questões. Apenas não demore demais ao se valer dessa tática.

5. CUIDADOS PARA FAZER A PROVA

> **Os nossos primeiros cuidados devem ser:**
> - ler a prova
> - cuidar da administração do tempo
> - fazer as revisões 1 e 2
> - saber lidar com o "branco"
> - utilizar roteiros em provas dissertativas
> - saber "trabalhar" com as questões não sabidas

5.1. Como Ler as Questões da Prova

Certifique-se de que você leu as orientações ao candidato. Elas são preciosíssimas já que esclarecem elementos importantes. Há até casos em que o candidato que não lê as orientações antes de começar, se permitido, pode seguir um curso errado durante a prova. A melhor hora para lê-las é antes do início da prova. Mesmo que não permitam lê-las antes de correr o tempo de prova, leia-as com calma e atenção quando permitirem virar a prova. A relação custo de tempo x benefício de informação vale a pena.

Conhecemos a história de uma concurseira, segunda colocada em um concurso, que deixou de ser a primeira por não atentar para as orientações ao candidato, que vedavam a redação a lápis, como é o caso da OAB. Além disso, falou que se tivesse tempo teria passado a caneta por cima, mas como não fez isso obteve zero em redação.

Dicas sobre como ler as questões da prova: leia o texto sem pressa ou ansiedade. Cuidado para não começar a dar as respostas ou definir qual é a pergunta. Essa reação rápida pode ser equivocada e induzir ao erro. Apenas olhe a prova rapidamente. Nunca diga: "não sei essa", diga "esta eu vou lembrar" ou "para esta eu vou dar a melhor resposta possível". Não é má ideia dizer, ao final dessa primeira lida, que gostou da prova.

5.2. Administração do Tempo de Prova

Quem não sabe administrar seu tempo de prova não sabe fazer prova. Saber a matéria toda e não saber usar o tempo para dar as respostas é pior do que saber metade da matéria e colocar essa metade no papel.

Um exemplo de má administração do tempo é o do candidato que perde 20 minutos procurando a resposta de uma única questão.

Regras básicas para administrar o tempo:

1) divida o tempo de prova (em número de minutos) pelo número de questões. Falaremos sobre isso no capítulo 15;

2) na prova objetiva, veja primeiro quanto tempo vai reservar para marcar o cartão-resposta e só depois divida o número de minutos pelo número de questões.

Tempo de prova = 300 minutos

Tempo para marcar o cartão: 20 minutos.

Tempo efetivo de prova: 280 minutos (300 minutos menos o tempo para marcar o cartão).

280 dividido por 80 = 3,5 (arredonde para baixo)

Tempo por questão: 3 minutos.

Assim, você terá 3 minutos por questão, 20 minutos para o cartão-resposta e alguns minutos sobrando. Esta pequena sobra serve para eventual ida ao banheiro, eventual relaxamento, eventual perda de tempo em alguma questão onde isso valha a pena e para ao final, se der, fazer a revisão 2;

3) sempre faça primeiro as questões que sabe e depois as que não sabe. E isso você só vai descobrir fazendo a primeira leitura;

4) não perca o senso de transcurso do tempo, como acontece quando a pessoa se envolve dando uma resposta que sabe bem ou quando esquece do tempo procurando uma resposta de que não se lembra. É como se a pessoa entrasse em um quarto e ficasse tão distraída com o que tinha ali que não fosse para os outros quartos da casa. Em provas você deve ficar um pouquinho em cada "quarto". Lembre-se que o próximo "quarto" é importante também. A aprovação vem da soma dos pontos obtidos: todos são importantes;

5) se as matérias tiverem pesos diferentes, você pode separar mais minutos para uma do que para outra, de acordo com sua preferência;

6) você também pode, quando terminar as questões que sabe, calcular quantos minutos ainda restam e quantas questões faltam, recalculando os minutos que sobram para cada uma;

7) tirando o cálculo do tópico acima, que você só pode fazer no meio da prova se sentir-se confortável, jamais perca tempo de prova fazendo este monte de contas. Faça isto antes do dia da prova, com base no edital e nas demais informações de que dispuser.

5.3. Revisões (1 e 2)

Revisão 1 (a leitura posterior)

Sempre releia com atenção sua resposta após dá-la como pronta. Não passe os olhos correndo, pois você irá ler a sua memória e não o que está no papel. Leia o que efetivamente escreveu ou marcou. Isso evitará muitas falhas bobas e erros de português, principalmente os de concordância.

Não fazer essa releitura do texto escrito com calma é pedir para deixar no texto umas boas besteiras ou marcar aquela questão evidente por pura distração. Quando redigimos acontece de cometermos erros: essa releitura nos dá a chance de consertar a resposta a tempo.

Revisão 2 (a de examinador)

Se tiver tempo, assuma o papel mental de examinador e "corrija" sua prova na hora. O novo paradigma poderá auxiliar a encontrar algum erro e corrigi-lo a tempo. Para fazer uma boa leitura pós-posterior, controle o "comichão de candidato", de que tratamos abaixo. Nada de mudar tudo quando fizer essa revisão. É uma fase de aperfeiçoamento.

5.4. Inquietude

Um dos fenômenos que prejudicam o desempenho dos candidatos é aquilo que chamamos de "comichão de candidato", ou inquietude.

Nada mais veemente para descrever aquela sensação que o candidato tem de querer sair o mais cedo possível da sala de prova, como se estivesse sentado em cima de pregos. Quanto mais tempo passa, maior o desconforto. Com isso, o candidato não tem paciência e ânimo para reler a prova, fazer as revisões.

O único senão é que aquela pressa toda acaba quando se põe o pé na rua. Encontram-se os amigos, comentam-se as questões, trocam-se ideias, esvaem-se as horas e, curiosamente, não aparece mais qualquer resquício daquela pressa, daquela vontade de ir embora, de ir para casa.

É assim mesmo que acontece, não é? Sabemos porque já fomos candidato várias vezes.

Para ter mais tempo e condições de fazer as revisões, lembre-se de que você está fazendo o concurso com o objetivo de passar e, tendo em vista esse objetivo, não deve querer sair da sala antes do tempo. É um verdadeiro absurdo a pessoa ir embora muito antes do final do certame, sem revisar as questões, ou mesmo, se sobrar tempo, repassar todas as questões da prova. Aliás, vai querer aproveitar ao máximo a prova.

Quando a cadeira começar a coçar, determine a si próprio que vai controlar essa sensação a fim de não desperdiçar o tempo que ainda resta para rever a prova. Se quiser, faça um relaxamento, vá lavar o rosto ou abra uma barra de cereal ou proteína. Lembre-se que a oportunidade de passar está ali, em cima daquela cadeira, enquanto o tempo da prova durar.

5.5. Lidando com o "Branco" na Prova

Introduzimos no capítulo 6 (Cérebro) a noção de branco e como ele é gerado a partir da nossa mente. Partimos, agora, ao "branco" aplicado, ao "branco" da hora da prova e como lidar com ele sob um aspecto pragmático.

5.5.1 Definindo o que é o "Branco"

Há três tipos de "branco" ou esquecimento em provas:

a) o branco total por pânico, no qual o aluno não se recorda de nada, fica imóvel, "cola as placas", em decorrência do estresse de prova, ansiedade ou tensão;

b) o branco geral por programação mental inadequada, no qual o aluno não se recorda da matéria porque equivocadamente programou seu cérebro para ter o "branco". O que acontece muito com pessoas que não investem no preparo emocional ou não acreditam em sua aprovação;

c) o branco específico, ou compartimentalizado, quando o aluno não se recorda da resposta de alguma questão cuja matéria estudou. Em geral, a recordação ocorre logo que a pessoa põe os pés na rua ao sair da prova.

Há um fenômeno parecido com o "branco", mas que não o é: a pessoa não sabe a resposta porque simplesmente não estudou... A técnica aqui é estudar, estudar, estudar. E se preparar para uma próxima prova, caso esse fenômeno ocorra.

5.5.2 Soluções

A solução para o "branco" tem relação com sua origem:

1) para evitar o branco por tensão ou pânico, verifique seu estado emocional. Estar bem na hora da prova depende de toda a preparação anterior, atitudes, planejamento etc;

2) programe-se mentalmente para não ter mais "branco";

3) se esse tipo de "branco" ocorrer, utilize o recurso de se acalmar, fazer outras questões e voltar depois. Outro recurso é fechar os olhos e se imaginar entregando a prova, saindo da sala etc., pois isto pode ajudá-lo a lembrar quando imaginariamente, "chegar na rua". Se você se programar corretamente para não ter "branco", raramente precisará utilizar estas técnicas, que chamamos de VMR (Viagem Mental de Recordações).

5.6. Questões não Sabidas

A atitude correta diante de uma questão que não se sabe não é a tensão, ou nervosismo, o desespero ou coisa semelhante. A primeira atitude é se prometer sinceramente que vai estudar mais para não passar tão facilmente por essa situação na próxima prova.

Porém, como estamos no jogo, é claro que não vamos deixar de tentar mandar a bola para dentro do gol.

Na maior parte das vezes, se o candidato se tranquilizar e agir com calma e técnica, procurando uma resposta razoável, a tendência é que acerte ou, pelo menos, marque alguns pontos, que muitas vezes farão diferença na aprovação.

Devo deixar questões em branco? A resposta é não com uma exceção: questões dissertativas em que você não tenha condições de fazer absolutamente nada de razoável. Quando não souber a questão o candidato deve tentar discorrer sobre o assunto, abordar os princípios e leis aplicáveis, raciocinar etc. Porém, se isto não for possível, isto é, se o candidato não souber absolutamente nada a respeito do tema, é melhor deixar a questão em branco a escrever algo absurdo ou completamente sem sentido, pois isto pode causar uma má impressão na banca e prejudicar a correção das demais questões.

6. OBSERVAÇÕES ÚTEIS DEPOIS DA PROVA

A atitude, o treino e as dicas gerais, juntamente com o estudo, cuidam do antes da prova. As técnicas citadas cuidam do durante a prova. Mas existem algumas coisas a serem vistas depois da prova. Claro que não estamos nos referindo a continuar a estudar, treinar e fazer provas até conseguir sucesso: isso deve ser o óbvio. Estamos nos referindo a outros cuidados importantes.

Quais são eles?

a) **Relaxe um pouco.** O sistema de provas e concursos é trabalhoso e, algumas vezes, extenuante. Após uma prova, permita-se dar um descanso, um *break*, uma paradinha, para se premiar pelo seu esforço e para recarregar a bateria. Depois, volte à carga, com os cuidados de sempre (equilíbrio, administração do tempo etc.).

Relaxe, premie-se, faça coisas de que gosta muito, ou nada, por alguns dias.

b) **Veja o resultado.** Tem gente que fica com medo de conferir e acaba perdendo boas oportunidades, como deixar de estudar ou ir fazer a prova seguinte por achar que não passou.

Um caso que acontece de vez em quando é a pessoa desanimar porque foi mal em uma fase e não ir fazer, ou fazer sem dedicação, a fase seguinte. Evite isto.

c) **Recorra,** se for o caso. Há casos em que uma reprovação injusta pode ser revertida através de recursos administrativos ou judiciais. Cada vez mais os concursos tendem a se aperfeiçoar e as bancas a levar a sério a merecida e justa revisão de prova e anulação de questões. Evite recorrer de tudo. Não tente ganhar o jogo no "tapetão". Antes de recorrer, consulte alguém que entenda do assunto, peça um parecer de especialista, ou de um perito técnico no assunto. Os cursinhos, professores e jornais para concursos prestam uma boa assessoria nesta hora.[3]

d) **Refaça a prova.** Eu sei que é um esforço, mas refazer a prova, conferindo tudo nos livros, vai fixar a matéria em sua mente para o resto da vida. E os assuntos se repetem nas provas seguintes.

e) **Corrija sua prova.** Assuma o olhar crítico do examinador e aprenda a ver com os olhos dele. Corrija sua prova. Analisar a prova e as próprias respostas é um excelente instrumento de aperfeiçoamento.

f) **Resumo para a prova.** Pense na frase: "Até cair foi legal, administrei, revi e descansei." Ao se preparar para a prova, pense na frase: "Até cair foi legal, administrei, revi e descansei." Agora, repare que a frase é a ligação para uma série de palavras e técnicas:

At – atitude e atenção
Ca – calma e tranquilidade
Fo – foco
Le – ler as instruções aos candidatos e ler a prova com atenção
Administ – administrar o tempo e administrar o que não sabe
Revi – revisões 1 e 2
Descansei – intervalos, situação, atitude

At – atitude e atenção. Lembre-se que fazer provas é um privilégio, uma oportunidade, um prazer, que muitos queriam estar onde você está, lutando por seus sonhos. E tenha atenção, não fique voando.

Ca – calma e tranquilidade. Um candidato calmo rende mais. Se preciso, respire lentamente até se acalmar. Divirta-se.

---

3 Na página da obra no site da Editora Impetus está disponível um pequeno manual de recursos que pode ser de grande valia.

Fo – foco. O objetivo é passar e, para passar, a atitude correta é: fazer a melhor prova que eu puder fazer hoje, devo mostrar meus conhecimentos com clareza e objetividade para deixar o examinador feliz.

Le – ler as instruções aos candidatos e ler a prova com atenção. Ler as instruções vai ajudá-lo a fazer a prova corretamente; ler as questões vai fazê-lo descobrir o que o examinador realmente quer saber de você (e não o que gostaria que ele perguntasse). O examinador precisa ser atendido.

Administ – administrar o tempo e administrar o que não sabe. O tempo se administra fazendo as contas e, claro, treinando antes, para ter prática de fazer provas. Administrar o que não se sabe é decidir deixar em branco ou mostrar o que for possível de conhecimento.

Revi – revisões 1 e 2.

Descansei – implica bom uso dos intervalos para melhorar seu rendimento, em "descansar" na ideia (atitude) de que concurso se faz até passar, que se deve exigir apenas o melhor possível, que a situação é favorável (na prova, você ou vai passar ou vai ver onde precisa melhorar). Para aqueles que, como eu, acreditam que "todas as coisas concorrem para o bem daqueles que amam a Deus" (Romanos 8:28), também é possível "descansar" nessa ideia. Assim, se acredita em Deus, pode e deve se acalmar com a ajuda d'Ele.

Não leve isto anotado para o dia da prova pois, embora não o seja, pode ser considerado como "cola". Memorize a frase e, ao receber seu material de prova, escreva no caderno de questões ou folha para rascunho. Usando a técnica, você lembrará as coisas mais importantes para a prova.

g) *Check-lists*

Utilize os *check-lists* que se seguem, que ajudarão nas vésperas e na hora das provas. Se quiser, faça cópias para ter um à mão quando precisar.

CHECK-LIST VÉSPERAS

➢ **Véspera Zero:**
  ☐ O dia zero. Você já está na véspera! Comece a se organizar, estudar e treinar.

➢ **Véspera 1: (30 a 60 dias antes da prova)**
  ☐ Visualizar-se na prova, calmo e tranquilo
  ☐ Revisão/Resumos
  ☐ Leitura de edital/legislação/súmulas/material mais importante
  ☐ Treinar provas (fazer simulados). Procure treinar com o nº de questões e tempo que serão exigidos no dia da prova (ideal: provas anteriores)

➢ **Véspera 2: (semana de véspera)**
  ☐ Entusiasmar-se com a prova chegando
  ☐ Ver local e transporte para a prova
  ☐ Conferir número de inscrição e documentos
  ☐ Evitar brigas
  ☐ Separar material/roupas/remédios (diarreia, dor de cabeça, dor de dente, absorvente, sonrisal e remédios de uso pessoal), tudo para a prova
  ☐ Colocar num canto, pasta ou prateleira

➢ **Véspera 3: (1 a 2 dias antes da prova)**
  ☐ Mantenha a atitude correta: alegria e entusiasmo
  ☐ Não estudar ou, se estudar, algo muito leve
  ☐ Ritmo de concentração para jogo de Copa do Mundo
  ☐ Comer só em lugares conhecidos e comidas conhecidas
  ☐ Evitar esforços físicos (lesões) e novidades
  ☐ Lazer agradável. Relaxe!
  ☐ Concentração: pensar na prova e visualizar-se calmo e tranquilo
  ☐ Separar roupas (levar agasalho para se o tempo esfriar; roupas confortáveis, não é dia de desfile: roupa compatível com o lugar e cargo)
  ☐ Faça uma caminhada leve. Espaireça
  ☐ Despertador, pelo menos 2 sistemas (um sem depender de energia elétrica). Acorde mais cedo do que a "conta do chá"
  ☐ Deslocamento. Condução ou carro ok? Acorde mais cedo e se prepare para imprevistos (p. ex.: pneu furado)

➢ **Material para a prova**
  ☐ Identidade   ☐ Cartão de inscrição   ☐ Relógio de pulso
  ☐ Dinheiro para o deslocamento e lanche
  ☐ Corretivo, *liquid paper* (pergunte ao fiscal se pode usar)
  ☐ Lanche. Sugestões: algo para beber, biscoito salgado e doce, chocolate
  ☐ Remédios (dor de cabeça, diarreia, pessoais etc.)
  ☐ Dê uma última olhada nos códigos e/ou livros de consulta e apague as observações que possam lhe prejudicar   ☐ Motive-se! A hora chegou!

➢ **Dormir**   ☐ Conferir despertadores/acordar com boa antecedência (cedo)
  ☐ Na hora de dormir, alegre-se: amanhã é um grande dia!

www.impetus.com.br

CHECK-LIST
DIA DA PROVA

➢ **Amanheceu! Hoje é um grande dia!**
- ☐ Se possível, caminhada leve e curta e/ou alongamento
- ☐ Café da manhã reforçado, mas sem exagero
- ☐ Pegar material, já separado (ver *check-list* da véspera)
- ☐ Beijos na família, reza, oração...
  Mais uma vez
  ➢ **Material para a prova**
  - ☐ Identidade ☐ Cartão de inscrição
  - ☐ Relógio de pulso ☐ Dinheiro para o deslocamento e lanche
  - ☐ Corretivo, *liquid paper* (pergunte ao fiscal se pode usar)
  - ☐ Lanche. Sugestões: algo para beber, biscoito salgado e doce, chocolate
  - ☐ Remédios (dor de cabeça, diarreia, pessoais etc.)
  - ☐ Dê uma última olhada nos códigos e/ou livros de consulta e apague as observações que possam lhe prejudicar
  - ☐ Motive-se! A hora chegou!

➢ **Deslocamento:**
- ☐ Prever engarrafamento, pneu furado etc.
- ☐ Sem pressa, sem estresse
- ☐ Hoje não é dia para discutir com ninguém

➢ **Chegando:**
- ☐ É normal a pessoa olhar as outras e achar que é a única que vai ser reprovada. Relaxa, isso é estresse de prova
- ☐ Evitar companhias desagradáveis e assuntos de prova
- ☐ Preste atenção em qual é a sua sala
- ☐ Procure um lugar agradável e confortável e se arrume (preocupe-se em observar onde o sol vai bater)
- ☐ Atitude de águia e não de galinha

➢ **Antes de começar a prova:**
- ☐ Relaxe
- ☐ Não estude
- ☐ Se quiser, tenha coisas leves, para ler antes da prova (jornal, revista etc.)
- ☐ Se puder calcule quanto tempo terá para cada questão e reserve tempo para marcar o cartão-resposta

➢ **Prova na mão:**
- ☐ "Até cair foi legal, administrei, revi e descansei"

> At – atitude e atenção
> Ca – calma e tranquilidade
> Fo – foco (responder o que for perguntado e fazer a melhor prova possível hoje)
> Le – ler as instruções aos candidatos e ler a prova com atenção
> Administ – administrar o tempo / o que não sabe / comichão de candidato
> Revi – revisões 1 e 2
> Descansei – intervalos e atitude

- ☐ Nem pense em colar, nem em dar cola! Isto pode lhe causar prejuízo

➢ **Depois da prova:** ☐ Relaxar
  ☐ Mais detalhes:

➢ **Em Provas Jurídicas:**
  ➢ **Citar ou levar em consideração para responder:**
  - ☐ Legislação atualizada (fonte rápida: <http://www.planalto.gov.br>)
  - ☐ Ao menos um bom doutrinador
  - ☐ Em concursos para carreiras específicas: material da Instituição, revistas, decisões e *sites* da Instituição.
  - ☐ Analisei as técnicas de raciocínio jurídico: Princípios + Dicotomia + "5 Mulheres" + Relação coord. / subord.

Se pudéssemos resumir as técnicas para aumentar o rendimento em provas e concursos, poderíamos dizer que o candidato deve ter calma, acuidade e manter o foco no objetivo.

O rendimento sempre é melhor quando o candidato está tranquilo e relaxado, e, para fazer a prova, é preciso apenas prestar atenção e não perder de vista o seu objetivo, que é passar.

Fazendo essas coisas, o candidato evitará erros desnecessários e procurará responder ao que foi perguntado e atender ao desejado pelo examinador (que é o nosso "cliente").

O resto (aquilo de que falamos neste capítulo e falaremos nos próximos) é um conjunto de técnicas e cuidados muito úteis e que vamos assimilando aos poucos, fazendo com que passem a integrar o nosso comportamento. Com isso, gradativamente, vamos melhorando nosso desempenho.

O fato de lermos as técnicas e nos conscientizarmos delas agiliza os resultados, pois podemos aproveitar as experiências de outros para já fazermos as coisas da forma mais produtiva. Além disso, podemos adaptar e personalizar as técnicas.

Acalme-se. Concentre-se. Raciocine.

Capítulo 15

Como Lidar com as Modalidades de Prova

1. MODALIDADES DE PROVA

Depois de termos visto as técnicas gerais, vamos partir para algumas observações específicas, a fim de aproveitar melhor cada uma das modalidades de prova: as objetivas (de múltipla escolha), subjetivas (discursivas) e orais. Acompanhe!

2. PROVAS DE MÚLTIPLA ESCOLHA
2.1. Realização

Se quiser, dê uma primeira lida na prova. Às vezes, por serem longas, estas provas não permitem uma primeira leitura completa. Se isso ocorrer, faça apenas a leitura rápida. É importante não "carimbar" as perguntas com respostas rápidas (em geral erradas) ou com um "não sei". Apenas leia a prova.

Você deve fazer a prova por matérias, com mais de uma passada em cada.

Escolha primeiro as matérias em que está melhor preparado, em que tem mais facilidade. Você vai dar duas "passadas" pelas questões dessa matéria, ou seja, irá do início ao final delas duas vezes.

Na 1ª passada, faça as questões mais fáceis e deixe as mais difíceis para a 2ª passada. Na 2ª passada, faça as difíceis. Se não souber, responda ("chute") com consciência. Após a 2ª passada, vá para a nova matéria e utilize o recurso das duas passadas.

Não é produtivo fazer as 1ª e 2ª passadas em toda a prova. O ideal é fazer por matéria, porquanto você mantém seu cérebro e sua memória direcionados para um mesmo assunto. Se a prova for bem delimitada quanto melhor.

Quando você chutar, faça um símbolo para chute ao lado da questão. Depois de fazer todas as matérias (ou seja, de acertar as fáceis e chutar todas as outras), volte para revisar os chutes ou tentar pensar mais na questão. O símbolo pode ser uma bola ou você circundar a questão com a caneta.

Nunca fique – como sói acontecer – uma eternidade em cima de uma questão que não sabe. Respostas não caem do céu e você não pode se dar ao luxo de ficar ali gastando um tempo enorme, no fundo só vai esquentar ainda mais sua cabeça. Se a questão for difícil, pule-a na 1ª passada. Na 2ª passada raciocine mais; se estiver gastando muito tempo, chute e sinalize para a revisão. Depois de fazer todas as outras, aí sim você volta para as "chutadas".

Se não estiver lembrando a resposta na 1ª passada, pule. Na 2ª passada, marque a que parecer mais correta e mande uma ordem e imagem cerebral para que você se recorde. Enquanto estiver fazendo as demais questões, seu cérebro terá um pouco de tempo para achar a resposta nos seus arquivos. Isso acontece com os números dos telefones que queremos lembrar e também nas provas. É só dar um tempo. Só que não o perca parado e estressando-se: faça as outras questões e volte depois de terminar a prova toda, se sobrar tempo. Nada de partir para outra questão ainda com aquela mais difícil na cabeça. Não vai servir para achar a resposta nem para concluir a prova do melhor jeito que puder.

Em resumo, ao fazer cada uma das matérias:

a) comece pelas mais fáceis. Ao fazer e responder, faça um X bem grande no enunciado para não correr o risco de começar a lê-la na 2ª passada. Coloque o gabarito correto ao lado dela (você só o marcará no cartão ao final da prova);

b) pule as difíceis, dizendo apenas que vai fazer depois, na 2ª passada. Não diga a si mesmo que "não sabe". É melhor você dizer que vai lembrar do assunto e rapidamente visualizar isso na mente;

c) na 2ª passada, pense mais um pouco e, se não lembrar mesmo, chute com consciência e técnica.

> **Dica**
> Leia bem o enunciado de cada questão. Tem gente que erra porque não atenta para isso. Ler com atenção é uma técnica que sempre funciona.

2.2. Como Marcar o Cartão de Respostas

Como dissemos, ao separar o tempo em provas de múltipla escolha, reserve um período ao final para a marcação do cartão de respostas. Isto evita o vaivém que desperdiça tempo e permite que – se sobrar tempo – você faça mais uma revisão da prova antes de marcar o cartão. Por exemplo, em uma prova de cinco horas, reserve a última meia hora para marcar o cartão.

Não corra o risco de fazer a marcação com pressa, pois ela induz ao erro.

Você vai achar que é muito tempo só para marcar. Acontece que esse é um tempo que você sempre acaba gastando mesmo, só não percebe porque não o cronometra. O fato é que cada vez que fecha a prova, pega o cartão, marca a resposta, guarda o cartão, abre a prova, além de ajustar as folhas para lê-las, gasta um tempo enorme. Se fizer isso tudo ao final, economizará tempo.

Controle seu tempo: quando der a meia hora final, **NUNCA** deixe de começar a marcar o cartão-resposta. Se faltarem algumas questões, marque o cartão com as respostas que já tem. Depois vá fazer as questões restantes. As questões que ainda não fez são a minoria e difíceis, não valendo o risco de se "enrolar" com elas e perder o controle do tempo. Depois de marcar o cartão, faça as questões faltantes.

2.3. E Quando Sobra Tempo?

Controle o "comichão de candidato" e faça a revisão da prova. Lembre-se, uma vez marcada no cartão a resposta está dada. Não corra o risco de anular uma questão por falta de cuidado.

2.4. A Técnica do "Chute"

O "chute", como todos sabem, ocorre quando o candidato não sabe a resposta e marca qualquer uma das opções para ver se acerta "na sorte". A probabilidade é, em geral, de 20% (já que o comum são cinco alternativas, de "A" a "E"). Mas é possível fazer um trabalho mais técnico, ou seja, "chutar" com mais consciência e, assim, ter mais chances de acertar mesmo no chute.

"Chutar" é, para quem conhece as técnicas, uma atividade tão inteligente quanto estudar e responder. Com técnica, às vezes é possível acertar uma questão apenas olhando as alternativas, sem precisar olhar o enunciado (o que você não vai fazer!). O candidato bem preparado deve estar preparado também para "chutar" bem.

A técnica do chute começa por saber quando é hora de chutar. Se as respostas erradas tiram pontos, é melhor deixar em branco. Se a cada três ou quatro respostas erradas desconsidera-se uma certa, você pode "chutar" em duas ou três, nas quais tenha um pouco mais de convicção.

Se vamos "chutar", podemos considerar vários fatores, a maior parte deles decorrente das dificuldades da banca para elaborar questões desse tipo.

Importante. A partir daqui vamos trabalhar com probabilidades. O certo é o candidato saber a resposta por ter estudado. Quando isso não ocorre, chuta-se para tentar acertar. Chutamos sempre com a maioria, com aquilo que ocorre mais, de modo que nossa probabilidade de acerto seja maior. Nem sempre a resposta certa será aquela que a "técnica do chute" indicar. Você verá que usaremos constantemente o termo "a tendência será". Estamos lidando com tendências, chances, tentativas de acertar. Nada é certo nessa ciência do chute.

1. **Divergências.** As bancas dificilmente podem colocar assuntos muito controvertidos. Nesses casos, terá que fazer tal referência ou pedir a corrente dominante. Noutros casos, existe bibliografia indicada no edital. Assim, esteja em dia com o que predomina e com eventuais referências bibliográficas feitas pela banca.

2. **Estatística.** Como o trabalho da banca é selecionar quem sabe o certo, a tendência é que repita mais vezes a resposta certa, pois senão estará facilitando muito para o candidato. As respostas que mais repetem têm maior chance de serem as corretas.

Ex.:

A ( )   pão e pedra
B ( )   risole e pedra
C ( )   pão e alface
D ( )   pão e risole
E ( )   risole e algodão

A resposta correta tende a ser pão e risole, pois são as opções mais anotadas.

3. **Semelhança.** Quando duas respostas assemelham-se muito, a tendência é que uma delas seja a correta, pois o examinador estará tentando confundir quem sabe um pouco mais.

Ex.:

A ( )   14,5
B ( )   15,7
C ( )   17,5
D ( )   18,5
E ( )   18,7

A tendência é de que D ou E sejam as corretas. Se aplicarmos a técnica de número 2 também tenderemos a marcar D ou E por causa do "18," e D por causa do ",5".

4. **Eliminação das hipóteses absurdas.** Ao eliminar, repare que duas ou três hipóteses costumam ser absurdas. Se você as eliminar antes de chutar, sua probabilidade de acerto sobe de 20% para 33% ou 50%. Tudo que atenta contra a lógica, os princípios e o bom senso, tende a estar errado. Se algo não lhe parece bem, soa mal ou você sente que está esquisito, a tendência é que tal alternativa esteja errada. Portanto, cuidado.

5. **Eliminação das genéricas.** Em todas as áreas onde se lida com o comportamento humano e em todas as ciências não exatas, a tendência natural é a de que sempre existam exceções e ressalvas. Como diz o ditado, "toda regra tem exceção". Isso, no Direito, por exemplo, é quase uma constante. Ora, sendo assim as coisas, quando você estiver em dúvida, deve eliminar as alternativas que não abram espaço para

exceções, com palavras como "nunca", "sempre", "sem exceções", "jamais" etc. A probabilidade de acerto será maior se marcarmos as questões mais abertas, que admitam uma ou outra exceção ou ressalva.

Cuidado ao utilizar essa técnica, como o mesmo ditado diz, toda regra tem uma exceção, logo nem toda questão que tenha um vocábulo diretivo/objetivo está errada.

Observação: Os critérios 1 a 5 são muito eficientes. O 6 e o 7 também são válidos, mas de menor aproveitamento que os anteriores.

6. **A letra "A".** Como a letra "A" é a primeira opção, a tendência é de que o examinador não goste de colocar a resposta certa logo de saída. A letra "A" é o lugar predileto do examinador para colocar as alternativas enganadoras, as "cascas de banana". Por essa razão, sempre achar que a certa é a letra "A", dê uma conferida. Se sua opinião se confirmar, é claro que deve ser a alternativa escolhida, afinal, é preciso ter confiança nos seus estudo. Mas nunca será demais ter um pouco de cautela com esta letra. Além disso, para chutar, na falta de critério mais forte, indicamos desprezar a letra "A". Assim, entre "A" e "C", por exemplo, vá de "C". Essa técnica é melhor quando há dúvida. Se for chutar, utilize todas as técnicas apresentadas antes.

7. **A cara do cartão de respostas.** O examinador também tende a não colocar todas as respostas em uma mesma letra. Logo, se estiver em dúvida entre a letra B ou C e as duas ou três anteriores e posteriores forem todas letra B, você pode tentar na C. Se a prova como um todo tiver várias respostas B, D e E, a probabilidade é que as outras sejam letra A ou C. Aqui, quanto menor o número de uma das letras, mais chance existe de a resposta estar nelas. É claro que esse recurso é o último dos últimos e também depende de as outras respostas estarem corretas. Você também pode usar esse critério como auxiliar na escolha entre duas alternativas.

É até possível que um examinador tente inverter seu comportamento para alterar estes raciocínios, mas isso é difícil ocorrer porque ele normalmente tem de levar em consideração a média das pessoas e o fato de que, se não seguir as regras apontadas, fará questões mais fáceis para quem sabe alguma coisa.

Não dependa da sorte nem da probabilidade: estude para saber a resposta certa.

Curiosidade: é muito improvável que as letras do cartão de resposta formem palavras. Não tente ser engraçado porque isso só irá prejudicá-lo.

2.5. Estilos de Prova da FGV

As formas de avaliação (estilos de prova) adotadas pelas provas objetivas têm evoluído constantemente e utilizaremos este tópico para falar brevemente sobre a forma adotada pela banca responsável pela elaboração da Prova da OAB, a FGV.

A FGV aplica provas objetivas de cinco alternativas: A, B, C, D e E. As questões são, na imensa maioria das vezes, para marcar a alternativa correta. O candidato não encontrará um pedido para marcar a mais correta ou a menos incorreta, por exemplo. Seus enunciados são razoáveis e não cansam o candidato.

As provas subjetivas, ou dissertativas, levam em conta o conhecimento técnico do candidato bem como sua capacidade de articular esse conhecimento de forma coesa e coerente e com correção gramatical. O respeito aos parâmetros – respeito ao número de linhas, ordem das respostas e espaço destinado às respostas – é essencial nas provas dessa instituição.

> Por que a produtividade aumenta à medida que a qualidade melhora?
> Simples: menos retrabalho. Não há tanto desperdício.
>
> *William E. Deming*

2.5.1 Conhecendo a Prova da OAB

Este item complementa as informações transmitidas no capítulo 13 desta obra, reforçando alguns aspectos importantes para aumentar seu desempenho.

A primeira coisa que o candidato à OAB deve fazer é ler atentamente o edital. Isso dará toda a munição necessária para se preparar bem e conhecer detalhes do exame como um todo, tais quais procedimentos de inscrição, requerimento de isenção, possíveis locais de prova, e da prova, como temas que serão abordados, pesos conforme área etc. Se você ainda não leu o edital, aproveite essa oportunidade[1].

A primeira fase é composta por 80 questões objetivas de múltipla escolha abrangendo todas as disciplinas obrigatórias integrantes do currículo mínimo do curso de Direito, a saber: Direitos Humanos, Código do Consumidor, Estatuto da Criança e do Adolescente, Direito Ambiental, Direito Internacional, Filosofia do Direito; além do Estatuto da Advocacia e da OAB, Regulamento Geral da instituição e Código de Ética e Disciplina da mesma.

A segunda fase, ou fase prático-profissional é composta de uma peça profissional e quatro questões discursivas sob a forma de situação-problema da área escolhida pelo candidato no ato da inscrição: Direito Administrativo, Direito Civil, Direito Constitucional, Direito Empresarial, Direito Penal, Direito do Trabalho ou Direito Tributário e de seus correspondentes processuais.

Como já dissemos, ambas as fases têm caráter eliminatório com cinco horas de duração cada. Essas informações são importantes para a definição do seu quadro horário de estudo e para o plano de ação durante a prova. Na primeira fase, por exemplo, o candidato deve dividir as cinco horas entre as 80 questões sem esquecer da marcação da folha de respostas e de uma eventual pausa para banheiro. Considerando a marcação da folha de respostas e a pausa como um intervalo de 30 minutos, o candidato tem 270 minutos para dividir entre as questões o que resulta em um pouco mais de três minutos por questão. Conforme já foi dito, sempre arredonde para baixo para sobrar mais tempo. Um cronômetro ao lado ao resolver as questões durante sua preparação pode ajudar a compreender melhor o que são três minutos por questão e o que eles representam na hora da prova. Para a segunda fase, o treino deve levar em conta o tempo de elaboração da peça, que é metade da nota. Se o candidato for habilidoso na peça, terá mais tempo para se dedicar às situações-problema apresentadas. Treine essas redações no papel, para reforçar a musculatura.

Atenção, sua folha de respostas da primeira fase deve ser devolvida assinada! Existe um campo de assinatura na folha de respostas que deve ser preenchido – com sua assinatura – antes de ser entregue ao fiscal.

---

1 Como referência, disponibilizamos no site da editora o edital de abertura do XXII Exame da Ordem Unificado. Você também pode encontrar editais anteriores no site do Exame: <http://www.oab.fgv.br>

A não assinatura configura eliminação automática do candidato. Na segunda fase, por sua vez, o caderno de textos definitivos – sua folha de respostas – **não pode estar assinado ou identificado de qualquer forma, salvo no local indicado**, que é na capa do caderno. Suas respostas devem ser preenchidas à caneta azul ou preta, ou seja, como já dissemos, nada de lápis! Você terá acesso a um caderno de rascunho que pode ser utilizado, mas ele não será considerado para fins de revisão.

O que a banca busca nas respostas da segunda fase (peça e questões), além de letra legível e conformidade com o espaço, é adequação ao problema apresentado, domínio do raciocínio jurídico, fundamentação e consistência, mas também sua capacidade de interpretação e exposição e técnica profissional. Ou seja, simplesmente transcrever o texto da lei, sem qualquer raciocínio jurídico de fundo, não é o caminho para uma boa pontuação. Algo relevante, também, é a identificação das questões e a ordem. O candidato deve identificar as questões que está respondendo e disponibilizá-las na folha de respostas na ordem que são apresentadas: primeiro a peça, depois as questões A, B, C e D.

Preste atenção no espaço dado pela banca para as respostas. No caderno haverá a informação do limite para a peça processual e as demais respostas não podem ultrapassar 30 linhas. O que passar disso será desconsiderado pela banca.

Reunimos, a seguir, alguns itens relevantes para elaboração da peça profissional e das respostas discursivas que devem ser observados pelo candidato em seu certame:

1. Cabeçalho: a competência da peça/endereçamento da petição;

O candidato deve incluir todos os dados que se façam necessários, sem, contudo, produzir qualquer identificação ou informações além daquelas fornecidas pela banca nos enunciados. Assim, quem está fazendo a prova deve fornecer o nome do dado seguido de reticências ou de "XXX", por exemplo: "Município...", "Data...", "Advogado...", "OAB...", "MunicípioXXX", "DataXXX", "AdvogadoXXX", "OABXXX" etc.

A omissão de dados que forem legalmente exigidos ou que são necessários para a plena resolução do problema proposto leva à perda de pontos.

2. Legitimidade (ativa e passiva) ou qualificação das partes (o que couber);

3. Identificação da ação/ narrativa dos fatos;

4. Fundamentação;

5. Requerimento de provas;

6. Valor da causa;

7. Postulação;

8. Requerimentos;

9. Tutelas;

10. Endereços de recebimento de intimações[2];

11. Assinatura.

Caso a peça profissional e/ou as respostas das questões discursivas exijam assinatura, o candidato deve utilizar apenas o termo "ADVOGADO...". Como já dissemos sua assinatura pessoal deve constar apenas no local indicado – a capa do caderno de respostas. Se sua peça ou respostas estiverem identificadas será atribuída nota zero.

É claro que esse é um modelo simplificado, sinalizando apenas o que é mais importante e frequente. Cada área específica possui suas particularidades, as quais devem ser observadas com a mesma atenção e cuidado. As respostas objetivas não necessariamente utilizarão o mesmo modelo/perfil, mas, se utilizarem, valem as mesmas regras.

A primeira fase da prova é sem consulta, já na segunda fase é permitido que o candidato consulte os seguintes materiais: legislação não comentada, anotada ou comparada, súmulas, enunciados, orientações jurisprudenciais e precedentes normativos **sem qualquer anotação ou comentário**. Também não serão permitidas atualizações de legislação feitas pelos candidatos. Por conta disso, o edital recomenda que se chegue com uma antecedência mínima de uma hora e 30 minutos (1h30). Os materiais serão revisados na entrada.

---

2 As mesmas preocupações expressas no tópico 1 deste item, valem para este tópico.

2.6. Atitude com os Fiscais de Prova

Ao chegar para a prova, saiba exatamente seus direitos e deveres. Cumpra as determinações do edital e dos fiscais. Evite qualquer motivo para discussão ou desavenças, até porque a tendência nos concursos é sempre se dar razão ao fiscal. Apenas tome uma atitude mais enérgica se o fiscal estiver desrespeitando sua integridade ou um direito claro que lhe assista. Em último caso, peça para que chamem o supervisor para dirimir alguma dúvida ou problema. Qualquer que seja a situação, mantenha a calma e seja educado.

Não aumente o tom de sua voz ao dirigir-se aos fiscais, mesmo que esteja com a razão, pois "quem tem razão não precisa falar mais alto para demonstrá-la".

Quanto menos se falar ou conversar com os fiscais, melhor.

Lembre-se: fazer provas é bom, é uma oportunidade. Dela ou você sai aprovado ou com as dicas sobre onde precisa melhorar.

Capítulo 16

Como Aprender com os Erros

1. UMA CULTURA DE VENCEDORES

Dentro da cultura em que vivemos hoje o que importa é vencer, ter dinheiro, ser famoso, estar "na crista da onda". O que se esquece e os profissionais do marketing já estão alertando para isso há algum tempo é que um dia a onda acaba e você pode acabar morrendo na praia.

Por outro lado, já aprendemos que derrotas ensinam, derrotas fazem meditar, derrotas exigem paciência, fortaleza, persistência. Derrotas exigem do derrotado a capacidade de superar-se, de melhorar, de tentar mais uma vez. Sob este aspecto, perder ensina muito mais do que vencer.

É preciso saber vencer e saber perder. Ao vencer, é preciso humildade e cautela. O fato de ter sido vitorioso hoje não nos assegura a vitória amanhã. Cada jogo é um jogo, cada campeonato um campeonato e competir é o que nos faz bons.

Ao perder, é preciso não se abater, treinar mais, aprender mais, tentar mais uma vez.

Perder em uma prova exige a mesma disciplina que se espera de um atleta que não venceu. Ao contrário dos esportes, no entanto, na prova da OAB, uma vitória completa apaga todas as derrotas anteriores e ainda lhe dá tranquilidade para se dedicar com calma às próximas competições.

O que nossa sociedade não tem correta noção é de que a derrota traz em si um conteúdo didático, um legado de experiência e crescimento. Sob esse aspecto, em cada derrota esconde-se um elenco de vitórias, e a semente e a possibilidade de uma vitória no futuro. Tudo desde que se compreenda a grandeza de perder e de se persistir até vencer.

2. O MEDO DA DERROTA E DO ERRO

Exatamente por vivermos em uma sociedade que enaltece apenas o triunfo, como falamos, sem compreendê-lo bem, muitos passam a ter medo de tentar porque cada tentativa traz em si a possibilidade da vitória ou da derrota, do acerto ou do erro.

O pavor diante do erro e da derrota torna-se algo tão profundo que a pessoa prefere não tentar, a tentar e eventualmente ser derrotado ou errar.

Por esse motivo, muitos se sentem no limbo cinzento do comodismo, do receio e do medo porque não querem correr o risco necessário para se acertar.

Se você não pode perder, também não pode vencer.

O filme *300*, do diretor Zack Schneider, retrata exatamente essa honra em lutar e dar tudo de si para uma causa. Recomendamos o filme e a técnica espartana para sua preparação para a prova da OAB.

Não tenho medo do escuro,
mas deixe as luzes acesas agora.

Renato Russo

---

3. A ATITUDE DIANTE DA VITÓRIA E DA DERROTA, DO ERRO E DO ACERTO

Um erro ou uma derrota, pois, devem ser vistos como oportunidades de aprendizado e, portanto, não como experiências negativas, apenas como experiências. O único erro inútil é aquele no qual não aprendemos nada, do qual não tiramos nenhuma lição.

Todas as coisas possuem aspectos positivos e negativos: valorizar apenas o lado bom do acerto e da vitória e apenas o lado negativo do erro e da derrota é uma crueldade. É preciso alertar os vencedores dos riscos da vitória e consolar os derrotados com as virtudes da falha.

O correto é você ter a seguinte atitude: faça o seu melhor, persista até vencer e não se iluda com a vitória ou com a derrota, tratando-as por vezes como um capricho do destino ao qual pode superar. O aprendizado e o esforço pessoal é que são as verdadeiras conquistas.

> O único homem que nunca comete erros
> é aquele que nunca faz coisa alguma.
> Não tenha medo de errar, pois aprenderá a não
> cometer duas vezes o mesmo erro.
>
> *Roosevelt*

3.1. Lidando com vitória e derrota na OAB

As estatísticas mostram que ser reprovado em um Exame da OAB é a regra para a maior parte das pessoas, sendo que muitas levam dois, três, quatro ou até mais exames para conseguirem passar. Ser reprovado é bastante incômodo, mas não é uma vergonha ou algo que não possa ser corrigido ou superado. Claro que todos desejam passar na primeira e alguns felizardos conseguem isso. Mas se você não conseguir, o que fará? Desistir é que não faz nenhum sentido, concorda? Nessas horas temos de levantar, sacudir a poeira e voltar para a mesa de estudos, ver onde temos de melhorar e seguir em frente.

Outro ponto importante a lembrar é que em geral dois motivos levam alguém a ser reprovado: ou ter tido um dia ruim, de muito azar, ou então não houve estudo e preparo suficiente antes.

No primeiro caso, temos de lembrar que todos correm o risco de ter um dia ruim, e que o azar não acontece sempre. A solução é estudar e treinar mais ainda e ir fazer o Exame seguinte.

No segundo caso, a reprovação é uma espécie de "conta" a ser paga pelo tempo no qual a pessoa não se dedicou com a responsabilidade e esforços devidos. Então, o jeito é ir lá e "quitar" essa "fatura".

Qualquer que seja o caso, todo o tempo dedicado ao estudo para fazer o Exame, ou o Exame mais uma vez, quantas vezes for o caso, é um tempo que você já está adiantando para o estudo necessário para a advocacia ou para os concursos que virá a fazer. Se ainda não está preparado para passar na OAB, então isso indica que ainda não está preparado para outros concursos. Ao estudar para um, estará antecipando o estudo que precisará fazer para outros objetivos. Em suma, não é um tempo perdido.

Não desanime se for reprovado: apenas faça o que precisa ser feito para reverter esse resultado no Exame seguinte, ou quantos forem necessários! É assim que se triunfa, que se consegue sua carteira e, em seguida, qualquer outro objetivo que escolher.

4. A LIMITADORA IDEIA DA IMPOSSIBILIDADE

Não se limite pela ideia da impossibilidade. Já foi mostrado que pelas leis da aerodinâmica o besouro não poderia voar: seu corpo é muito grande, suas asas pequenas etc. Contudo, o besouro voa. Brinca-se que ele o faz porque não estudou Física e não sabe que não pode voar, ou seja, ninguém falou para ele. Assim, não se limite pela ideia da impossibilidade. A crença na possibilidade gera a capacidade interior para trabalhar, persistir e conseguir.

Conhecemos pessoas que deixaram de ser porque deixaram de acreditar que podiam ser. Há pessoas fazendo cursos preparatórios porque todos fazem, porque a família quer, porque precisam se "enganar", precisam acreditar que estão tentando. Essas pessoas no fundo não se esforçam porque, também no fundo, não acreditam sinceramente que podem. Este tópico tem muito a ver com o início deste livro, quando se fala que é imprescindível acreditar que o objetivo pode ser alcançado.

As pessoas olham o sonho, o objetivo, as metas com um respeito tão grande que os veem longe, muito longe, tanto que é quase impossível (ou mesmo impossível) chegar lá. Não faça isso: não imagine o objetivo como algo impossível. Veja-o, toque-o, sinta-o, ouça-o e perceba-o. Não se limite pela ideia da impossibilidade. Antes, motive-se pela possibilidade.

Estabeleça uma relação harmoniosa entre o desempenho obtido no passado e o pretendido no futuro. Visualize e mentalize sempre o que quer obter no futuro. Adquira uma atitude positiva em relação a eventuais reveses, e prudente diante dos cada vez mais numerosos triunfos.

Mantenha uma constante atitude de aprendizado.

Trate a vitória e a derrota, o erro e o acerto com a mesma serenidade.

Não tenha medo de tentar, errar ou perder.

Trabalhe diligentemente para acertar e vencer. Trabalhe para vencer sempre. Tenha autodisciplina para procurar fazer sempre e cada vez melhor. Tenha acuidade para competir apenas com o próprio desempenho e comparar seu rendimento pretérito com o presente e o presente com o futuro. É fácil vencer os outros. Vencer a si mesmo é que constitui o grande desafio.

Não acredite em impossibilidades. Acredite em possibilidades.

Não desista. Persista até obter êxito.

Faça as coisas acontecerem.

> Sucesso é acordar de manhã
> – não importa quem você seja, onde você esteja,
> se é velho ou se é jovem –
> e sair da cama porque existem coisas importantes
> que você adora fazer, nas quais você acredita,
> e em que você é bom. Algo que é maior que você,
> que você quase não aguenta esperar para fazer hoje.
>
> *Whit Hobbs,* citado por *Richard Edler*

Bibliografia

BÁRÁNY, Julia (Org. e Trad.). *Grandes mestres* – Sabedoria milenar hoje. São Paulo: Mercuryo, 2002.

BARROS, Francisco Dirceu; DOUGLAS, William. *Carta aos concursandos*. Rio de Janeiro: Campus/Elsevier, 2013

BÍBLIA. Versão revisada, de acordo com os melhores textos em hebraico e grego, da tradução de João Ferreira de Almeida. Imprensa Bíblica Brasileira, 8ª impressão, 1992 & Versão revista e atualizada da tradução de João Ferreira de Almeida. 2 ed., Sociedade Bíblica do Brasil, 1993.

BLOOM, Floyd E. The role of cyclic nucleotides in central synaptic function. *Rev. Physiol. Biochem. Pharmacol*, 1975.

_____. *Transmissão neuro-humoral e o sistema nervoso central*. In: GOODMAN & GILMAN, 1987.

BUZAN, Tony. *Memória brilhante*: técnicas fáceis e eficazes para desenvolver sua capacidade de memorização. Rio de Janeiro: Sextante, 2009.

_____. *Mapas mentais*: métodos criativos para estimular o raciocínio e usar ao máximo o potencial do seu cérebro. Rio de Janeiro: Sextante, 2009.

CAMPOS, Dinah M. S. *Psicologia da aprendizagem*. 37. ed. Petrópolis: Vozes, 2008.

CHABANNE, Jean-Luc. *Dificuldades de aprendizagem*. São Paulo: Ática, 2006.

CORDIER, Françoise. *Aprendizagem e memória*. São Paulo: Loyola, 2006.

DELL'ISOLLA, Alberto. *Supermemória para concursos*. São Paulo: Digerati Books, 2008.

_____ Alberto; DOUGLAS, William. *Administração do Tempo*. 3. ed. Niterói: Impetus, 2016.

DEMING, William Edwards. *Qualidade: a revolução da administração.* Rio de Janeiro: Marques-Saraiva, 1990.

DOUGLAS, William. *Como passar em provas e concursos.* 29. ed. Niterói: Impetus, 2015.

_____. *Como passar em provas e concursos* – Resumo. 10. ed. Niterói: Impetus, 2012.

_____. *A maratona da vida*: um manual de superação. 4. ed. Niterói: Impetus, 2010.

_____; ZARA, Carmem. *Como usar cérebro para passar em provas e concursos.* 8. ed. Rio de Janeiro: Impetus, 2016.

_____; SOARES, Ricardo. *Leitura dinâmica e memorização.* 16. ed. Niterói: Impetus, 2016.

DRYDEN, Gordon; VOS, Jeannette. *Revolucionando o aprendizado.* São Paulo: Makron Books, 1996.

EDLER, Richard. *Ah, se eu soubesse...* 3. ed. São Paulo: Negócio Editora: 1997.

FREIRE, Paulo. *Ação cultural para a liberdade e outros escritos.* Rio de Janeiro: Ed. Paz e Terra, 1976.

GARDNER, Howard. *Frames of mind.* Nova York: Basic Books, 1983.

GOLEMAN, Daniel. *Inteligência emocional.* Rio de Janeiro: Objetiva, 1996.

GOODMAN, Louis S.; GILMAN, Alfred Goodman. *As bases farmacológicas da terapêutica.* 7. ed. Rio de Janeiro: Guanabara Koogan, 1987.

JOHNSON, Rita B.; JOHNSON, Stuart R. *Assuring with self instructional pack chapel* H. U.N.C. 27514 – 1971.

LaHAYE, Tim. *Temperamentos transformados.* 18. ed. São Paulo: Mundo Cristão, 1997.

MACHADO, Angelo B. M. *Neuroanatomia funcional.* 2. ed. Belo Horizonte: Livraria Atheneu Editora, 1993.

MACHADO, Luiz. *Introdução à aprendizagem acelerativa.* Rio de Janeiro: Edição do Autor, 1991.

_____. *O segredo da inteligência.* Rio de Janeiro: Edição do Autor, 1992.

_____. *O cérebro do cérebro*: as bases da inteligência emocional e da aprendizagem acelerativa. Rio de Janeiro: Edição do Autor, 1997.

MAHAN, L. Katheen; Sylvia Escott-Stump. Krause – *Alimentos, Nutrição e Dietoterapia*. 10. ed. São Paulo: Editora Roca, 2002.

MENDES Filho, Gildásio Álvares; DOUGLAS, William. *Gestão de serviços públicos com qualidade e produtividade*. 2. ed. Rio de Janeiro: Editora Universitária 9/9 – UNIVERSO, 1997.

MORAES, Vinicius de. *Livro de sonetos*. 12. ed. Rio de Janeiro: José Olympio, 1981.

MORGAN, Clifford T.; DEESE, James. *Como estudar*. 3. ed. Rio de Janeiro: Freitas Bastos, 1969.

NASSAR, Raduan. *Lavoura arcaica*. 3. ed. São Paulo: Companhia das Letras, 2001.

O'CONNOR, Joseph; SEYMOUR, John. *Introduzindo a programação neurolinguística*: como entender e influenciar pessoas. São Paulo: Summus, 1995.

PEIXOTO, Maurício. *Notas de aula (método e pensamento científico)*. UFRJ.

_____; GUIMARÃES, Maria Teresa. *Aprenda a aprender*: motivação – alta ajuda para vencer em concurso público. Rio de Janeiro: Elsevier, 2005.

PIMENTEL, Ernani Filgueiras. *Intelecção e interpretação de textos*. 14. ed. Brasília: Vestcon, 1997.

PERRAUDEAU, Michel. *Estratégias de aprendizagem. Como acompanhar os alunos na aquisição dos saberes*. São Paulo: Artmed, 2006.

ROCHA, Marcelo Hugo da. *Guia Passe na OAB*: os segredos da aprovação na 1ª e 2ª fases do Exame de Ordem. São Paulo: Saraiva, 2012.

ROTTA, Newra T. *Transtornos da aprendizagem*: abordagem neurobiológica e multidisciplinar. Rio de Janeiro: Artmed, 2006.

SANTOS, Izequias Estevam dos. *Manual de métodos e técnicas de pesquisa científica*. 5. ed. Rio de Janeiro: Impetus, 2005.

SCHEELE, Paul R. *O sistema "Whole Mind" de fotoleitura*. São Paulo: Summus, 1995.

SPRITZER, Nelson. *Pensamento & mudança*: desmistificando a programação neurolinguística (PNL). 6. ed. Porto Alegre: L&PM, 1993.

STERENBERG, Albert; COSTA, Eneide O. *Seminário de introdução à Programação Neurolinguística – PNL*. Notas de Aula, 1997.

SUN TZU. *A arte da guerra*. Rio de Janeiro: Record, 1996.

TAFNER, Malcon Anderson; XEREZ, Marcos de & RODRIGUES FILHO, Ilson Wilmar: *Redes neurais artificiais*: introdução e princípios de neurocomputação. Blumenau: EKO/FURB, 1995.

WEIL, Pierre; TOMPAKOW, Roland. O *corpo fala*: a linguagem silenciosa da comunicação não verbal. 17. ed. Petrópolis: Vozes, 1986.

WEISS, Donald H. *Aumente o poder de sua memória*. São Paulo: Nobel, 1990.

Índice Remissivo

1ª Fase 145
2ª Fase 151

A

absurdas 187
acerto 196
acordos 39
acuidade 9, 181
adaptação 10, 41
adivinhação 142
administração do tempo 18, 81, 171, 172
AEIOU 87
agregação 29
agregação Cíclica 25, 118
água 72, 167
ajuda 35
alcançar 11
Alexandre Gialluca 37
aliado 36, 131
aliados 35, 41
alimentação 67, 71, 138, 166
alimentação/higiene 103, 105
alongamento 71, 77
alto astral 8
ambiente 67, 148
ambiente de estudo 80, 126
amor 50
análise 126
ânimo 7
anotação 192
anotações 48, 58
anotar 61
ansiedade 20, 171
antissocial 68

aplicação 57, 58, 126
aplicativos 44
apoio 38
apoio emocional 39
aprender 195
aprendizado 46
aprendizagem 141
aprovação 151, 160
árvore 57, 62
assíduo 132
assinado 191
assinatura 190, 192
associações 57, 58
atenção 132
atitude 106, 157, 160, 193, 196
atitudes 7, 163
atividade física 62, 68, 105
atleta 9
atos de inteligência 41
auditiva 47
auditivo 48
aulas 130, 131
aulas expositivas 131
autoavaliar 16
autodisciplina 9, 87-89
autoestima 19, 23
autoproteção 49
AVC 37
avós 39
azar 33

B

bambu chinês 30
banheiro 90
bíblia 33

bibliografia 142
biblioteca 133, 134
branco 51, 174, 175

C

cabeçalho 191
cadeiras 75
café 168
caligrafia 154
calma 165, 181
caminhada 69
cansaço 18, 170
captação 47, 48, 54
carta magna 148
cartão 170, 188
cartão de inscrição 166
cartão de respostas 185
CDC 139
celular 18, 68
cérebro 45, 52, 53, 56, 79
certificados 133
check-list 167
check-lists 178
cheiro 49
chutar 186
chute 186
ciclos 26, 28
cinestésica 47
cinestésico 48
circunstâncias 15, 16, 24, 129
civil 149
cobranças 38
código de direito do consumidor 139
código de ética 139
código de ética e disciplina 190
código do consumidor 190
cola 168
comentário 192
comfiformob 59
companhias 169
comparações 21
comportamentos 157
compreensão 126
compromisso 8, 19

comunicação 50, 55
concentração 18, 47, 68, 79, 83, 118, 119, 132, 140, 146, 165, 168
condições 163
confortáveis 165
conhecimento 126
consciência do projeto 10
consciente 47
constância de propósito 8
constituição 148
consulta 155, 192
conversa 39
cópias autenticadas 133
cores 122
corpo 69
corrija 177
costumes 165
criador 37
criar tempo 88, 89
Cristo 22
crítica 127
críticas 3
cronograma 130
cuidados 167
curiosidade 117
cursinhos 131, 153
cursos 105, 103, 131
custo x benefício 114

D

David McNally 8
debates 62
decisão 1, 2
déficit de atenção 10
deflagradores 15, 16, 23
depois da prova 176
derrota 196, 197
derrotas 1
desagregação 120
descanso 164
desclassificações 155
desempenho 157, 158
desespero 175
desistir 11, 21, 22
deslocamento 168

desorganização 148
desperdício 89
despreocupados 165
desserviço 3
detalhes 120
Deus 7, 37
dia de descanso 104
dica 8
dicionário 134
dietas 72
difíceis 184
dificuldades 15
digital 47, 48
dinheiro 20
diplomas 133
direito administrativo 190
direito ambiental 149, 190
direito civil 190
direito constitucional 148, 190
direito do trabalho 190
direito empresarial 37, 190
direito internacional 190
direito penal 190
direitos humanos 190
direito tributário 190
disciplina 19, 130, 195
disciplinas 147
discursivas 190
disposição 68
dissertativas 189
divergências 186
diversificação 147
documentos em dia 133
doença 40
domínio 126
domínio cognitivo 126
dormir 18, 71
drogas 70

E

ECA 139
edital 134
eliminatório 190
emoção 50
encaixes 120, 121

endereços 192
engarrafamento 168
equilíbrio 103
erro 196
erros 195
escreva 49
esquecimento 63
esquemas 48, 57, 62
estatística 186
estatuto 139
estatuto da advocacia 190
estatuto da criança e do adolescente 139, 190
estatuto da OAB 150
estique 77
estratégia 114, 115
estresse 23, 33, 71, 166
estudar 113, 164
estudo 113, 160
ética 139
etiquetação 57, 60
execução 57
exercício físico 69
exercícios 55, 141
exercícios físicos 103

F

fáceis 184
facilidades 16
faculdade 135
faculdades caça-níqueis 3
falhas 15
falta de tempo 85
famigerados 5
família 7, 37, 103, 105
farmacinha 167
fase 160
fases 53, 119, 125
fé 37
feed 20
felicidade 41
FGV 151, 189
filantrópicos 161
filhos 39
filosofia do direito 190

fiscais 193
fixação 54
flexibilidade 10, 51, 86, 96
fluxograma 12, 14
fluxogramas 48, 57, 122
foco 181
folha de respostas 190
fundamentação 192
furto 133

G

gabarito 163
genéricas 187
gráficos 62
grupo 130
grupos 169

H

Harvey Mackay 19
hemisférios 46
higiene 87, 88
hiperatividade 10
horário 76, 81, 83, 132, 168
horas 102, 105
humildade 9

I

identificação 192
identificado 191
imagens mentais 50
imponderável 33
impossibilidade 198
impossível 5
inalcançável 5
índice de reprovações 5
individualidade 36
individualismo 129
inibidores 15, 16, 17
inimigo 35
inquietude 173
inscrição 134
insônia 166
inteligência 40, 41
interesse 8, 18, 50

internação 40
internet 90, 134
intervalo 77, 190
intervalos 71, 76, 78
inventário 15, 24, 39

K

Kenneth Blanchard 8

L

lâmpada 8
lanche 167
lazer 164
legislação 133
legitimidade 191
lei espiritual 22
lei nº 8.906 4
leis 138, 142, 148
leitura 61, 106
leitura de apoio 106
leitura geral 106, 107
ler 77, 171
lesões 69
liberdade 21
limites 69
livros 133
local 73
longo prazo 56

M

macetes 143
manuais 154
manutenção 54
mapas mentais 57
marcações 61
marteladas 31
matéria 20
material 75, 132, 166
material atualizado 141, 148
matérias 78, 140, 172
maturação 160
medicamentos 72
medo 20, 196

memória 53, 56
memorização 53, 57, 163
mentalize 165
mérito 4
meses 139
método 19, 114, 115
M. Mendes 11
modalidades 183
modelo 108-112
modelos 153
morar longe 73
motivação 8, 38
motivação 7, 115
motivações 116
mudanças 159
múltipla escolha 145, 162, 183, 190
multiprocessamento 47
música 79, 80

N

narrativa 192
NBA 9
nervosismo 20, 175
netflix 91
NONEP 59
normas 142
nota 152
nota mínima 27
nutrientes 72

O

OAB 190
objetiva 145
objetivas 189, 190
objetividade 162
objetivo 11
objetivos 9, 12, 121
obstáculo 10
odisseia 18
olhar o todo 119
ônibus 168
on-line 131, 161
oportunidade 162
oratória 55
organização 9, 85, 87, 88
organizar 159
origem 4
Oscar Schmidt 9
otimização 140

P

paciência 39
pais 39
pânico 5, 174
paradigma 159
passado 158
passos 2
pausa 190
pausas 138
PC 18
peça profissional 152, 191
penal 149
perda 133
persistência 8
persistir 21
personalização 114
peso 152, 154
pesquisa doutrinária 141
pirataria 134
planejamento 15, 87
planejamento de estudo 107
plano de ação 190
PNL 50, 51
poço 19
pontuação 191
pontual 132
porta 22
posição 74
postulação 192
postura 1, 170
prática 59, 160
prazo 25, 33
prazos 30, 90
precaução 168
preguiça 19
preparação 135, 136, 139, 147, 151, 158
preparatório 131
preparatórios 133, 153
preparo emocional 164

pressa 2, 171, 185
prestar atenção 9
primeira leitura 150
prioridades 9, 85
probabilidades 186
problemas 21, 164
processos mnemônicos 57, 59
procrastinação 136
programação 50, 52, 53
programação mental 174
programação neurolinguística 50
programas governamentais 41
projeto 12
provas 130, 135, 141, 146, 160, 161

Q

quadro de estudo 98
quadro horário 89, 97, 99, 105
quadros sinóticos 57
qualidade 82, 83, 121, 138
qualidades 15
qualificação 191
quantidade 82, 138
quebra-cabeça 30, 118, 119
questionários 62
questões 139, 140, 162, 174

R

rábulas 4
rascunho 154
realçar 61
realização 160
recitação 61
recorra 177
recuperação 54
redação 55, 107
redação de apoio 106
redação geral 106
redes neurais 46
redes sociais 20, 43
refaça 177
refeições 72, 91
regulamento 139
regulamento Geral 190
relações 57

relaxamento 77
relaxar 164
relaxe 176
releitura 61, 173
religião 37
remédios 167
rendimento 181
repescagem 31
repetidos 143
requerimentos 192
resistência 162
resolução de questões 137
responsabilidade 96
responsabilidades 19, 85
resultado 158, 159, 176
resultados 30, 157
resumo 177
resumos 49, 62, 122, 133
retenção 46
reuniões 91, 130
revisão 141
revisões 63, 173
roupas 165

S

saúde 67, 70
sedentarismo 69
semelhança 187
silêncio 73
simplicidade 162
simulado 137
simulados 130, 161
simule 163
síntese 127
sistema límbico 49
sites 41-43
situação-problema 190
situações-problemas 137
sonhos 12
sono 18, 70, 71, 103, 105, 166
sorte 33
sozinho 129
SQ3R 123, 124
STF 4
subjetivas 189

sublinhar 61
subvocalização 61
sucesso 103
súmulas 138, 148
supremo tribunal federal 4

T

tablet 18
TDAH 10
técnica 141, 146, 186
técnica AEIOU 103
técnicas 113, 115, 129, 132, 140, 145, 148, 151, 157, 158, 160, 170, 181
técnicas de estudo 61
teia 57
telas 18
telefone 20, 68, 90
telepresencial 131
temas recentes 148
temperatura 74, 165
tempo 7, 19, 29, 81, 87, 99, 172
tempo real de estudo 83
tensão 23, 164, 166, 175
Thomas Edison 8
tios 39
trabalho 92, 149
tranquilidade 165
transmissão 55
transmitir 55

treino 160
tutelas 192
TV 18, 91

U

Ulisses 18
um ano 136
utilidade 50, 58, 87, 88

V

valor 192
velocidade de dobra 28
vencedores 195
véspera 163, 164
vésperas 162
vícios 15
visitas 68, 92
visual 47, 48
vitimização 2
vitória 196, 197
vitórias 1
você 35, 36

W

WhatsApp 20

Y

YouTube 91

Rua Alexandre Moura, 51
24210-200 – Gragoatá – Niterói – RJ
Telefax: (21) 2621-7007
www.impetus.com.br
Esta obra foi impressa em papel offset 75 grs/m^2